1   Ernährung bei Brustkrebs

Diese Empfehlungen bitte immer mit Ernährungsberater/in, Arzt oder Diätologen/in absprechen! Die Rezepte und Zutatenlisten unterstützen die medizinischen Therapien.

Die Kalorienangaben frischer Zutaten (Obst und Gemüse) und die Inhaltsstoffe schwanken je nach Qualität und Erntezeit. Die Inhalte wurden von einer Diätologin und einer Ernährungsberaterin für die Traditionelle Chinesische Medizin (TCM) geprüft.

Autor:
© 2022 Josef Miligui
Liebe Leserinnen und Leser, ich wünsche Ihnen viel Erfolg und gutes Gelingen bei der Umstellung Ihrer Ernährung. Dieses Buch wurde aus eigener Erfahrung mit Krankheit und Ernährung geschrieben und ich habe schon immer das Zubereiten guter Speisen geschätzt. Wenn Sie nicht so geübt sind im Kochen, empfiehlt sich ein Kurs bei Ernährungsberatern oder Diätologen, die Ihnen die Grundlagen der Kochmethoden sowie die richtige Verarbeitung der Zutaten vermitteln können. Anhand der Lebensmittellisten aus diesem Buch können Sie weitere Rezepte entwickeln und entdecken.

Quelle:
Die Listen werden aus der EBNS-Datenbank für die Ernährungsberatung generiert. Die Datenbank wird von Ernährungsberater, Therapeuten und Ärzte für die Beratung der Patienten/Klienten verwendet und ermöglicht eine Kombination mehrerer Syndrome.

Literaturliste:
Wir haben die Unterlagen als Wissensbasis genutzt und an unsere Erfahrungen angepasst und ergänzt.
www.ebns.at

Herstellung und Verlag:
BoD – Books on Demand, Norderstedt
ISBN: 9783837063776

Krebs-Therapieunterstützung bei Brustkrebs
(Buch: 103)

1.1 Vorwort

Krebs bezeichnet in der Medizin die unkontrollierte Vermehrung und das wuchernde Wachstum von Zellen, d. h. eine bösartige Gewebeneubildung (maligne Neoplasie) bzw. einen malignen (bösartigen) Tumor (Krebsgeschwulst, Malignom). Bösartig bedeutet, dass neben der Zellwucherung auch Absiedelung (Metastasierung) und Invasion in gesundes Gewebe stattfindet. Im engeren Sinn sind die malignen epithelialen Tumoren (Karzinome), dann auch die malignen mesenchymalen Tumoren (Sarkome) gemeint. Im weiteren Sinne werden auch die bösartigen Hämoblastosen als Krebs bezeichnet, wie beispielsweise Leukämie als „Blutkrebs".

So lautet die Definition von Krebs laut Wikipedia (Stand 29.11.2021). Die Ernährung, kommt allerdings höchstens mal im Nebensatz vor. Ja, der Artikel geht so weit ins holistische, dass auch Umweltgifte und der Lebensstil genannt werden, das rechne ich ihm hoch an. Insgesamt spiegelt der Artikel meiner Erfahrung nach ganz gut das Wissen der meisten Ärzt:innen wieder: Krebs ist mehr oder weniger isoliertes Problem am jeweiligen Organ, der sich durch unkontrollierte Vermehrung allerdings ausdehnen und streuen kann. Krebs passiert eher zufällig, wobei ein paar Faktoren schon auch irgendwie eine Rolle zu haben scheinen. Aber reden wir lieber über die konkrete Behandlung.

Und das führt uns zu folgendem Problem: Patient:innen fallen in eine sehr passive Rolle des Krebsträgers, der Krebsträgerin. Sie legen all ihr Vertrauen in die Schulmedizin und die behandelnden Ärzt:innen. Doch was sie selbst aktiv als Krebsprävention oder zur Krebstherapie beitragen können, das wird ihnen leider in vielen Fällen nicht gesagt, weil die eigene Lebensgestaltung - so die allgemeine Meinung - ja sowieso nur eine Nebenrolle spielt.

Und das, obwohl sogar die Weltgesundheitsorganisation (WHO) davon spricht, dass bis zu 80 % der Krebserkrankungen durch äußere Faktoren wie Ernährung, Lebensstil, Umweltgifte und dergleichen beeinflusst werden.

Welche Faktoren also jeder einzelne von uns aktiv beeinflussen kann und somit seine Chancen auf Krebsfreiheit bzw. allgemein Gesundheit erhöhen kann, darum geht es auf den folgenden Seiten.

Nach Dr. Veronique Desaulniers ist Krebs (und jede andere Krankheit auch) lediglich ein Symptom. Sie sagt "Krebs kann ich einem gesunden Körper nicht bestehen". Sie teilt die vielen Einflussfaktoren auf 7 Gruppen auf, die sich auch mit den Studien und Erfahrungen anderer namhafter Experten wie Johannes Coy, David Servan-Schreiber uvm. decken.

Der Fokus in diesem Buch liegt auf dem Faktor mit der größten Hebelwirkung - der Ernährung.

Schon Hippokrates hat einst gesagt "Lass die Nahrung deine Medizin sein und Medizin deine Nahrung!"
Kräuterpädagog:innen heute sagen so: "Es gibt für jede Krankheit das richtige Kraut."

Egal wie wir es drehen und wenden, wir sind was wir essen (und was unser Essen gegessen hat). Der moderne Mensch sieht sich gerne isoliert von seiner Umwelt. Als mächtig und erhaben. Wir entstehen aus unserer Umwelt, wir leben inmitten von ihr und wenn wir sterben gehen wir wieder in unsere Umwelt über. Während wir leben essen wir das, was in unserer Umwelt wächst (oder in Fabriken chemisch erzeugt wird). Diese Nahrung liefert die Energie und Bausteine, für den eigenen Körper, für den Stoffwechsel, Zellerneuerung, den Hormonhaushalt und damit für unser gesamtes Sein, die Gesundheit und unser Empfinden.

Wenn jetzt also Expert:innen immer noch der Meinung sind, dass Ernährung bei Krebs eine untergeordnete Rolle spiele, dann stellt sich die Frage, woraus diesen Expert:innen zufolge wir bestehen.

Allerdings - so ehrlich muss dann auch sein - gibt es auch unter den Expert:innen, die der Ernährung den hohen Stellenwert beimessen, die sie verdient, verschiedene Meinungen über die optimale Anti-Krebs-Ernährung. Fragen Sie 10 Leute, bekommen Sie 10 Meinungen.

Deshalb hier ein paar Grundbausteine, bevor in dem Buch noch näher auf Ernährungsfaktoren eingegangen wird, die sozusagen der kleinste gemeinsame Nenner der meisten Ernährungsphilosophien sind:

- Saisonalität
    - Winterpflanzen, wie zum Beispiel verschiedene Kohlgewächse, versorgen uns mit Unmengen von Vitamin C und Bitterstoffen. Zwei Faktoren, die unser Immunsystem bei der Abwehr von der Kälte und den typischen Infekten in der Winterzeit unterstützen.
    - Sommerpflanzen wie zum Beispiel Gurken, Tomaten aber auch Zitrusfrüchte kühlen unseren aufgeheizten Körper und versorgen uns mit viel Wasser.
    - Außerdem müssen bei saisonalen Pflanzen weniger chemische Helferlein eingesetzt werden, da die passenden Umweltfaktoren das Wachstum sowieso fördern.

- Regionalität
  - Damit einher geht auch der Faktor der Regionalität. Regionale pflanzliche Lebensmittel werden reif geerntet und haben somit alle Nährstoffe entwickeln können. Im Gegensatz dazu wird Obst und Gemüse aus ferneren Ländern unreif geerntet und nur durch den Einsatz von chemischen Mitteln unnatürlich "nachgereift" - bzw. nur nach-gefärbt. Die Dichte der Nährstoffe und auch der Geschmack kann dabei niemals mit regionalen Lebensmitteln mithalten. (Sie haben es vielleicht schon selber erlebt, dass eine Südfrucht aus dem jeweiligen Ursprungsland dort im Urlaub viel süßer und vollmundiger schmeckt als die gleiche Frucht aus dem zentraleuropäischen Supermarkt).
- Pflanzenbasierte Ernährung
  - Ja, diese Basis teilen selbst die Anhänger der Fleischdiät mit den Veganern. Denn bei der Fleischdiät geht es auch um Fleisch von Tieren, die sich artgerecht, sprich von vielen Gräsern und Kräutern ernährt haben. Die Masse an Getreide in der heutigen Ernährung - egal ob bei Mensch oder Tier - entspricht nicht der natürlichen Ernährungsweise. Sie macht uns krank, dick und manche behaupten sogar dumm (das weist auf die Schädigung der neuronalen Netzwerke hin, die durch den Konsum von Kohlenhydraten passiert hin). Pflanzen im Sinne von Gemüse, Kräutern, Salaten, Sprossen, in geringen Mengen Obst, Nüsse, Samen, etc. liefern neben den viel beschriebenen Vitaminen und Mineralstoffen vor allem sekundäre Pflanzenstoffe, die herausragende Heilwirkung haben. So werden eine Vielzahl unserer Medikamente auf Basis der natürlich vorkommenden Pflanzenstoffe nachgebaut. Allerdings sind da diverse Säuren und andere Wirkstoffe extrahiert und wirken nur alleine - mit den Pflanzen selbst nehmen wir sie in einer reichhaltigen und sich gegenseitig verstärkenden Kombination vielerlei wirksamer Stoffe zu uns.

Ja zusätzlich zu diesen 3 großen Punkten gibt es immer noch sehr viel zu beachten. Ein optimales Verhältnis von Omega 3 zu Omega 6 Fettsäuren (empfohlen wird 1:3), eine individuell und situationsbedingte Eiweißversorgung und so weiter.

Eine ganz gute und einfache Richtlinie für die alltägliche Ernährung bietet der ideale Teller. Der sieht so aus, dass möglichst jede Mahlzeit zur Hälfte aus pflanzlichen Bestandteilen besteht, ein Viertel der Eiweißversorgung dient und ein Viertel die Mahlzeit durch gute Fette und eventuell Kohlenhydrate abrundet.

Die Feinjustierung rund um die Zubereitungsarten, die Zusammenstellungen und so weiter sehe ich als sehr individuell an. Es gibt meines Erachtens nicht die 1 perfekte Ernährung bei Krebs. Es gibt so viele großartige Philosophien und Studien, die alle wunderbare Heilungen berichten und sich dabei aber gegenseitig ausschließen. Was auf den ersten Blick vielleicht paradox wirkt, eröffnet bei näherer Betrachtung ganz viele Möglichkeiten des Probierens und neuer Chancen.

Neben der Ernährung werden noch folgende Faktoren genannt:
- die Giftstoffbelastung in unserer Umwelt sowie in Pflegeprodukten oder eben in der Ernährung
- eine Balance aus Aktivität, (kurzzeitigem) Stress und der Entspannung wie auch Schlaf
- Aufarbeitung der emotionalen Wunden aus der Vergangenheit und Steigerung der Resilienz
- Biologische Zahnheilkunde
- eine optimierte Versorgung durch Heilkräuter, Heilpilze udgl.
- Früherkennung durch bewährte und schonende Verfahren

1.2 Beschreibung

Brustkrebs zählt zu den häufigsten Krebsarten bei Frauen. Eine Früherkennung zu Hause führt man am besten einige Tage nach der Periode durch; eventuelle Verhärtungen und Knötchen sind dann am besten zu erkennen.
Brustkrebs äußert sich nicht durch Schmerzen oder körperliche Beeinträchtigungen. Es sind vielmehr kleine Verhärtungen, die sich im Brustgewebe und naher der Lymphdrüsen in den Achselhöhlen testen lassen. Dies sind die Bereiche, in der der Arzt die Brustkrebs Vorsorgeuntersuchung durchführt und dies sollten auch die Bereiche sein, die jede Frau in der Früherkennung selbst abtasten sollte. Weitere Symptome, die auf ein Karzinom in der Brust hinweisen, sind veränderte Brustwarzen, eventuelle blutige Absonderungen oder Entzündungen, sowie eine Größenveränderung der Brust.

Brustkrebs kann nicht alleine durch falsche Ernährung entstehen, sehr wohl können aber Ernährungsfaktoren unterstützend bzw. vorbeugend wirken und genauso mitverantwortlich sein, um einen „Rückfall" zu verhindern.

Sparsamer Umgang mit Fett und richtige Auswahl der Nahrungsfette: Zuviel Fettgewebe bildet im Körper Östrogen und dieses kann am Brustdrüsengewebe das Krebswachstum fördern.

Antioxidantien und sekundäre Pflanzenstoffe können einer weiteren Krebsentstehung Vorbeugen. Diese beiden Stoffgruppen sind an der Krebsprävention wesentlich beteiligt. Sie stärken die natürlichen Abwehrkräfte gegen das Krebswachstum und die –entstehung.

1.3 Therapiestrategie

Günstige Fette: Olivenöl, Rapsöl, Erdnussöl und Leinöl. Zu empfehlen ist, mindestens 2 mal pro Woche Meeresfische zu essen.
Karotten, Kohl, Spinat, Feldsalat, Broccoli, Petersilie, Marille, Honigmelone, Paprika, Fenchel, Kren, Schwarze Johannisbeere, Kiwi, Orange, Pflanzenöle, Nüsse, Fisch, Getreide, Tomaten, Äpfel, Beeren, Lauch, Weintrauben, Grüntee. Vor allem Obst und Gemüse enthalten diese wichtigen Bestandteile. Antihormonelle Wirkung von Phytoöstrogenen und Indolen:
Soja (Konzentrierte Sojapräparate sind nicht empfehlenswert).
Indole sind in Gemüse enthalten: Broccoli, Kohlsprossen, Karfiol, Weißkohl, Radieschen, Rettich, Senf, Kren, Ruccola, Kresse. (Indole sind sehr hitzeempfindlich und werden bei langer Garzeit zerstört).
Reichliche Ballaststoffe senken den Östrogenspiegel im Blut. Obst und Gemüse (5 Portionen pro Tag) dazu Getreideprodukte bevorzugt Vollkorn.
Trinken Sie viel Wasser und Tee oder Fruchtsäfte stark verdünnt.

1.4 Vermeiden

Reduzieren Sie den Verzehr von tierischen Fetten aber auch als weitläufig „gesund" propagierte Öle wie Distelöl, Traubenkernöl oder Sonnenblumenöl. Diese sind durch ihren hohen Omega-6-Fettsäuregehalt ungünstig für die Brustdrüse.
Wenig Alkohol. Sie sollten nicht mehr als 20 g Alkohol pro Tag konsumieren. Das entspricht etwa 1 Seidel Bier oder 1 - 2 Achterl Wein.

2 Speiseplan

2.1 Frühstück

Astronautenkost 1045,0
Aufgeschlagene Banane 144,0
Bircher Müsli 384,0
Bohnenpasta pikant süß 311,0
Bratapfel 408,0
Brokkoli-Parmesan-Aufstrich auf Toastbrot 148,0
Bulgur mit Tomaten und frischen Kräutern 205,0
Bunte toskanische Bohnensuppe 249,0
Buntes Reisgericht 437,3
Champignonreis 410,0
Couscous-Salat 338,2
Cranberrisaft 43,5
Dinkel mit Obst und Nüssen 289,7
Dinkelgrießbrei mit Beeren der Saison 243,5
Fein gewürzte Zucchini mit Tomaten 203,2
Fischsuppe mit Rosmarin 271,3
Frühstück - Reis mit Früchten 230,7
Frühstück mit Käse 512,1
Gemüse-Grieß-Suppe 198,9
Gemüse-Miso-Suppe mit Tofu 107,0
Gerstenbratlinge 398,0
Gerstenschrotsuppe 265,4
Grießbrei mit Banane 307,3
Grießsuppe mit Gemüse 105,5
Haferflocken mit aromatischen Gewürzen 280,6
Haferflockensuppe mit Frühlingszwiebeln und Karotten 134,8
Heidelbeermus 10,9
Hirse mit Shiitakepilzen und Avocado 558,3
Humus 542,5
Hüttenkäse mit gedünstetem Obst 214,5
Karottendrink 143,0
Karotten-Risotto 308,5
Kartoffel-Basilikumsuppe 95,6
Kompott aus Heidelbeeren 49,0
Kuzuwasser 6,8
Misosuppe mit Tofu 51,0

2.2 Jause

2.3 Mittag

2.4 Nachmittag

2.5 Abend

3 Rezepte

empfehlenswert = Sie können mehr verwenden
wenig = wenn möglich weniger verwenden
weniger als angegeben = möglichst nicht verwenden

3.1 8 Schätze Reis

Harntreibend, erwärmt den Körper von innen, erweitert die Gefäße, stärkt die Muskeln, reguliert Innenorganfunktionen, stärkt Milz, lindert Diarrhö, reduziert Ausfluss, baut Lunge, Milz und Nieren auf, beruhigt Nerven.

Anzahl Portionen: 4
Kalorien p. Portion 213
Gramm p. Portion   266,25
Kochdauer ca.   1 Stunde
(Kohlehydrat:89,13% / Eiweiß & Fett:10,87%)
100g.≈ Eiweiß 4,52g. Fett:1,32g.
µg. - Ph:18,36 Na:0,75 Ka:8,74 Mg:9,04 Ca:2,25 Fe:0,15 Zn:0,03 Col.:0 Hsr.:7,57

Zutaten:

Lilienzwiebel 1 EL / 5g. ()
Longane 1 EL / 5g. (ja)
Weißwurz 1 EL / 5g. (ja)
Yamswurzel, Yamswurzelknolle 1 EL / 5g. (ja)
Hiobsträne (Samen) YiYi Ren 1 EL / 5g. (ja)
Reis Wilder (Naturreis) 2 Tassen / 240g. (empfehlenswert)
Wasser 8-10 Tassen / 800g. (ja)

Kochanleitung:

Je 1 EL: Bai He (Lilienzwiebel), Longan (Longan/Drachenaugenfrucht), Yu Zhu (Wohlriechender Weißwurz-Wurzelstock), Da Zao, Shan Yao (Yamswurzel, Yamswurzelknolle), Lian Mi, Yi Yi Ren (Samen der Hiobsträne), Qian Shi (Makanasternsamen)Mit heißem Wasser übergießen und ca. 30 Min. einweichen. Anschließend: 1-2 Tassen Reis (normal) hinzufügen und ½ bis 1 Std. köcheln, bis der Reis sehr weich ist. Oder: Aus Vollwertreis ca. 3 Std. lang zusammen mit den Kräutern ein Congee kochen. Dann müssen die Kräuter nicht eingeweicht werden.

3.2 Andalusischer Fischtopf

Stärkt Immunsystem, beugt Krebs vor, löst Stagnation, fördert Gewichtsabnahme, regt Appetit an. Gut bei Abwehrschwäche, Appetitlosigkeit, Blähungen, Bluthochdruck, Depressionen, Diabetes, Durchfall.

Anzahl Portionen: 4
Kalorien p. Portion 348
Gramm p. Portion 355,05
Kochdauer ca. 30 Min.
Allergene: ADLO
(Kohlehydrat:71,39% / Eiweiß & Fett:28,61%)
100g.≈ Eiweiß 20,04g. Fett:6,52g.
µg. - Ph:15,55 Na:20,18 Ka:34,69 Mg:13,44 Ca:42,9 Fe:0,13 Zn:0,02 Col.:0,79 Hsr.:9,89

Zutaten:
Grundrezept für eine Gemüsebrühe 500 ml. / 500g. (empfehlenswert)
Zwiebel Frühlingszwiebel 2 Stück / 40g. (ja)
Olivenöl 1 EL / 20g. (empfehlenswert)
Zitrone Schale 1/2 Stück / 3g. (ja)
Lorbeerblatt 1 Stück / 1g. (ja)
Kartoffel 200 g / 200g. (ja)
Kabeljau 300 g. / 300g. (empfehlenswert)
Weißwein 4 EL / 80g. (wenig)
Zitrone Saft 1/2 EL / 10g. (ja)
Salz 1 Prise / 1g. (wenig)
Pfeffer gemahlen 1 Prise / 0,2g. ()
Petersilie 1 EL / 15g. (empfehlenswert)
Weißbrot (Weizenbrot) 8 Scheiben / 250g. (wenig)

Kochanleitung:
Gemüsebrühe mit kleingeschnittenen Frühlingszwiebeln, Olivenöl, abgeriebener Zitronenschale und Lorbeerblatt zum Kochen bringen und zugedeckt 10 Min. kochen. Geschälte, kleingewürfelte Kartoffeln zufügen und in ca. 8 Min. fast weich kochen. Fischstücke und Weißwein zugeben und den Herd auf kleine Stufe schalten. In der leicht kochenden Brühe den Fisch in wenigen Minuten gar ziehen lassen. Mit Zitronensaft, Salz und Pfeffer abschmecken und mit Petersilie bestreut servieren. Als Beilage Weißbrot dazu reichen.

3.3 Antipasti

Fördert Durchblutung, lindert Entzündungen und Schmerzen, harntreibend, senkt Blutdruck, antioxidativ, antibakteriell, regt Kreislauf an. Hilft bei: Appetitlosigkeit, Magen- und Verdauungsschwäche,

Blähungen.
Anzahl Portionen: 3
Kalorien p. Portion 100
Gramm p. Portion 246,83
Kochdauer ca. 40 min.
(Kohlehydrat:53,79% / Eiweiß & Fett:46,21%)
100g.≈ Eiweiß 2,75g. Fett:5,61g.
µg. - Ph:7,93 Na:1,08 Ka:67,5 Mg:5,14 Ca:7,21 Fe:0,24 Zn:0,03 Col.:0 Hsr.:5,8

Zutaten:
Peperoni 1 Stück / 5g. (ja)
Zitrone Saft 1 EL / 10g. (ja)
Aubergine 1 Stück / 300g. (ja)
Tomate 4 Stück / 200g. (empfehlenswert)
Zucchini 200 g. / 200g. (ja)
Zitrone Schale 1/2 Stück / 3g. (ja)
Olivenöl 1 EL / 15g. (empfehlenswert)
Basilikum (frisch) 8 Blätter / 5g. (ja)
Salz 1 Prise / 0,5g. (wenig)
Koriander 1/2 TL / 2g. (ja)

Kochanleitung:
Peperoni im Ofen bei 250 Grad backen, bis die Schale dunkel wird (ca. 20 Min.). Die Peperoni abdecken und auskühlen lassen, häuten und in ca. 2 cm breite Streifen schneiden. Tomaten halbieren und gemeinsam mit den in Scheiben geschnittenen Auberginen mit Öl bestreichen und im Ofen bei 200 Grad goldbraun backen (ca. 10 Min.).
Zucchinischeiben in Grillpfanne (ohne Fett) anbraten. Alles zusammen anrichten, die Marinade aus Olivenöl, Salz und Zitronenschale mischen und über das Gemüse gießen. Mit Koriander bestreuen und 1 Std. ziehen lassen.

3.4 Apfel-Bananen-Creme

Reguliert Magen-Darm-Funktion, liefert Vitamin C, cholesterinsenkend, entzündungshemmend, harntreibend, fördert Durchblutung.
Anzahl Portionen: 4
Kalorien p. Portion 110
Gramm p. Portion 206,25
Kochdauer ca. 15 Min.
(Kohlehydrat:94,44% / Eiweiß & Fett:5,56%)
100g.≈ Eiweiß 0,84g. Fett:0,51g.
µg. - Ph:3,0 Na:0,49 Ka:38,0 Mg:2,73 Ca:2,25 Fe:0,1 Zn:0,01 Col.:0 Hsr.:3,19

Zutaten:

Apfel (sauer) 400 g. / 400g. (empfehlenswert)
Wasser 200 ml. / 200g. (ja)
Orange Schale 1/4 Stück / 5g. (ja)
Zitrone Schale 1/2 Stück / 2g. (ja)
Zucker braun 2 TL / 6g. (wenig)
Zimtstange 1 Stück / 0g. (ja)
Banane 1 Stück / 150g. (empfehlenswert)
Acerola Fruchtnektar oder Pulver 1 TL / 2g. (empfehlenswert)
Orangensaft 1/2 Stück / 50g. (empfehlenswert)
Zitrone Saft 1 EL / 10g. (ja)

Kochanleitung:
Apfel in feine Spalten schneiden, mit Wasser, Orangen- und
Zitronenschale, Zucker und Zimt zum Kochen bringen und ca. 7 Min.
köcheln lassen. Die Äpfel sollen fast weich sein. Acerola zufügen und
Zimtstange entfernen. Mit dem Mixstab Apfel, Banane, Orangen- und
Zitronensaft fein pürieren.

3.5   Astronautenkost

Eiweißreiche Trinknahrung mit sehr hoher Energiedichte. Optimierter
Eiweißanteil gleicht Stickstoffverluste aus und fördert die
Proteinanabolie.
Anzahl Portionen: 1
Kalorien p. Portion 1.045
Gramm p. Portion   250
Kochdauer ca.   5 Min.
(Kohlehydrat:39,13% / Eiweiß & Fett:60,87%)
100g.≈ Eiweiß 115g. Fett:25g.
µg. - Ph:900 Na:290 Ka:1070 Mg:0 Ca:0 Fe:0 Zn:0 Col.:0 Hsr.:0

Zutaten:
Astronautenkost 1 Paket / 250g. (ja)

Kochanleitung:
Nur nach Anweisung des Arztes oder Therapeuten verwenden.

3.6 Aubergine mit Olivenöl und Kurkuma

Fördert Durchblutung, lindert Entzündung und Schmerzen, fördert Verdauung, hilft Fett zu verdauen, ist harntreibend, senkt Blutdruck.
Anzahl Portionen: 2
Kalorien p. Portion 432
Gramm p. Portion 321,5
Kochdauer ca. 30 Min.
Allergene: A
(Kohlehydrat:47,45% / Eiweiß & Fett:52,55%)
100g.≈ Eiweiß 6,14g. Fett:30,66g.
µg. - Ph:12,28 Na:20,77 Ka:85,6 Mg:5,48 Ca:7,09 Fe:0,18 Zn:0,05 Col.:0,02 Hsr.:9,67

Zutaten:
Aubergine 2 Stück / 300g. (ja)
Olivenöl 4 EL / 60g. (empfehlenswert)
Tomate 4 Stück / 200g. (empfehlenswert)
Kurkuma (Gelbwurz) 1/2 TL / 1g. (empfehlenswert)
Kümmel 1 Prise / 1g. (ja)
Salz 1 Prise / 1g. (wenig)
Weißbrot (Weizenbrot) 4 Scheiben / 80g. (wenig)

Kochanleitung:
Aubergine in Scheiben schneiden und mit halbierten Tomaten auf einem Backblech ausbreiten. Mit Olivenöl beträufeln und mit Kurkuma, Kümmel und Salz würzen. Im Ofen 20 Min. backen. Mit dem Weißbrot servieren.

3.7 Aufgeschlagene Banane

2 x tgl. essen, reguliert Magen-Darm-Funktion, wirkt stopfend.
Anzahl Portionen: 1
Kalorien p. Portion 144
Gramm p. Portion 150
Kochdauer ca. 7 Min.
(Kohlehydrat:94,54% / Eiweiß & Fett:5,46%)
100g.≈ Eiweiß 1,65g. Fett:0,3g.
µg. - Ph:28 Na:1 Ka:393 Mg:36 Ca:9 Fe:0,6 Zn:0,2 Col.:0 Hsr.:25

Zutaten:
Banane 1 Stück / 150g. (empfehlenswert)

Kochanleitung:
Banane mit der Gabel zerdrücken oder mit einem Mixstab pürieren. Mindestens 5 Min. braun werden lassen.

3.8 Avocado mit Zitrone

Gut bei Schlafstörungen, Entzündungen, Schwellungen, Schmerzen und Juckreiz, beruhigend.

Anzahl Portionen: 1
Kalorien p. Portion 290
Gramm p. Portion 131
Kochdauer ca. 5 Min.
(Kohlehydrat:16,54% / Eiweiß & Fett:83,46%)
100g.≈ Eiweiß 2,34g. Fett:28,24g.
µg. - Ph:37,02 Na:5,87 Ka:469,27 Mg:29,31 Ca:11,83 Fe:0,59 Zn:0,38 Col.:0 Hsr.:29,01

Zutaten:
Avocado 1/2 Stück / 120g. (empfehlenswert)
Zitrone Saft 1/2 Stück / 10g. (ja)
Salz 1 Prise / 1g. (wenig)

Kochanleitung:
Avocado halbieren, Kern entfernen, Zitronensaft hineingießen, salzen und auslöffeln.

3.9 Bandnudeln mit Blattspinat

Fördert Verdauung und Durchblutung, stärkt Magen und Darm, verbessert Bauchspeicheldrüsenfunktion. Gut bei Appetitlosigkeit, Blähungen, Darmentzündungen, Zwölffingerdarmgeschwüren.

Anzahl Portionen: 2
Kalorien p. Portion 723
Gramm p. Portion 317,5
Kochdauer ca. 45 Min.
Allergene: ACG
(Kohlehydrat:59,52% / Eiweiß & Fett:40,48%)
100g.≈ Eiweiß 22,78g. Fett:36,63g.
µg. - Ph:63,29 Na:34,15 Ka:107,6 Mg:22,1 Ca:56,13 Fe:0,98 Zn:0,22 Col.:8,06 Hsr.:39,35

Zutaten:
Spinat 250 g. / 250g. (empfehlenswert)
Salz 1 Prise / 1g. (wenig)
Nudeln (Weizen, Bandnudeln) mit Ei 200 g. / 200g. (ja)
Olivenöl 1 EL / 15g. (empfehlenswert)
Zwiebel Frühlingszwiebel 1 Stück / 20g. (ja)
Sahne, süß 30% 100 ml. / 100g. (wenig)
Creme fraiche 1/2 EL / 6g. (ja)
Thymian getrocknet 1/2 TL / 2g. (ja)
Basilikum (frisch) 1/2 TL / 2g. (ja)
Oregano getrocknet 1/2 TL / 2g. (ja)
Muskatnuss 1 Prise / 0,5g. (ja)

Pfeffer gemahlen 1 Prise / 0,5g. ()
Parmesan 20 g. / 20g. (ja)
Pinienkerne 1 EL / 15g. (empfehlenswert)
Schwarzkümmel 1 Prise / 1g. (ja)

Kochanleitung:
In einem geschlossenen Topf den tropfnassen Spinat mit etwas Salz 3
Min. zusammenfallen und in einem Sieb abtropfen lassen. Danach fein
schneiden. Bandnudeln in reichlich Salzwasser bissfest kochen. Öl in
einer beschichteten Pfanne erhitzen und in Ringe geschnittene
Jungzwiebeln darin weich dünsten. Sahne, Crème fraîche, Thymian,
Basilikum, Oregano und Muskat dazugeben. Die Soße unter Rühren
etwas einkochen lassen, Spinat untermischen und kurz erhitzen und mit
Muskat, Salz und Pfeffer abschmecken. Nudeln abgießen und
abtropfen lassen und mit dem Spinat vermischen. Bei Bedarf mit Salz
und Pfeffer nachwürzen. Nudeln portionieren und mit Parmesan und
Pinienkernen anrichten. Den Schwarzkümmel drüberstreuen.

3.10 Basilikum-Pesto an Reis

Wärmt Magen und Milz, harmonisiert den Darm, stärkt Qi-Funktion,
reduziert Feuchtigkeit.
Anzahl Portionen: 4
Kalorien p. Portion 275
Gramm p. Portion 305,75
Kochdauer ca. 30 Min.
Allergene:
(Kohlehydrat:71,02% / Eiweiß & Fett:28,98%)
100g.≈ Eiweiß 5,72g. Fett:10,1g.
µg. - Ph:8,38 Na:0,53 Ka:9,66 Mg:4,34 Ca:2,19 Fe:0,09 Zn:0,02 Col.:0 Hsr.:5,34

Zutaten:
Reis Sorte beliebig 2 Tassen / 200g. (ja)
Wasser 1 Liter / 950g. (ja)
Knoblauch 4 große Zehen / 8g. (empfehlenswert)
Basilikum 1 Handvoll / 15g. (ja)
Pinienkerne 3 EL / 30g. (empfehlenswert)
Olivenöl 2 EL / 20g. (empfehlenswert)

Kochanleitung:
Den Reis in gut 1 l Wasser kochen. Geschälten Knoblauch im Mörser
fein zerdrücken oder reiben. Die Basilikumblätter zufügen und fein
zerstampfen, danach die Pinienkerne etwas gröber zerstoßen. Zuletzt
das Öl nach und nach zugeben, bis sich eine dicke Paste bildet. Pesto
zum Reis geben und servieren.

3.11 Basmatireis + Zucchini-Tofupfanne

Harntreibend, harmonisiert Milz und Magen, lindert Blähungen. Gut bei Übergewicht und Bluthochdruck. Antioxidativ, fördert Verdauung, entgiftet, stärkt Säfteproduktion, reduziert Blutfett, stärkt Magen.

Anzahl Portionen: 4
Kalorien p. Portion 146
Gramm p. Portion 306,75
Kochdauer ca. 20 min.
Allergene: E
(Kohlehydrat:56,62% / Eiweiß & Fett:43,38%)
100g.≈ Eiweiß 7,95g. Fett:4,89g.
µg. - Ph:13,21 Na:0,7 Ka:33,77 Mg:10,99 Ca:11,98 Fe:0,34 Zn:0,02 Col.:0 Hsr.:7,75

Zutaten:
Soja Tofu 250 g. / 250g. (empfehlenswert)
Olivenöl 2 EL / 6g. (empfehlenswert)
Koriander 1/2 TL / 4g. (ja)
Ingwer frisch 1/2 TL / 4g. (ja)
Reis Basmatireis 1/2 Tasse / 60g. (ja)
Wasser 3 Tassen / 200g. (ja)
Zucchini 1 Stück / 700g. (ja)

Kochanleitung:
Tofu würfelig schneiden und mit Olivenöl, Tamari, zerstoßenem Koriander und Ingwer marinieren und mindestens 1 Std. ziehen lassen. Basmatireis im Wasser kochen und evtl. mit Zwiebel und Kardamom würzen. Zucchini und Tofu in einer Pfanne in heißem Öl ca. 5-7 Min. rösten und auf Tellern getrennt vom Reis anrichten. Petersilie drüberstreuen. Kann auch kalt als Salat für zuhause oder unterwegs verwendet werden.

3.12 Belugalinseneintopf mit Gemüse

Fördert Schwitzen, löst Stagnation, lindert Verstopfung, fördert Verdauung, produziert Muttermilch, regt Nerven an, entgiftet, lindert Entzündungen, verbessert Durchblutung, stärkt Herz und Nieren, harntreibend, beruhigt den Magen.

Anzahl Portionen: 5
Kalorien p. Portion 202
Gramm p. Portion 361,64
Kochdauer ca. 20 min.
(Kohlehydrat:50,85% / Eiweiß & Fett:49,15%)
100g.≈ Eiweiß 5,72g. Fett:8,35g.
µg. - Ph:7,14 Na:11,6 Ka:38,6 Mg:4,01 Ca:9,32 Fe:0,2 Zn:0,01 Col.:0,02 Hsr.:8,3

Zutaten:
Linsen (Helmbohnen) 2 Tassen / 240g. (ja)
Wasser 4-5 Tassen / 500g. (ja)
Karotte (Mohrrübe, Möhre) 3 Stück / 150g. (empfehlenswert)
Lauch (Porree) 1 Stück / 300g. (empfehlenswert)
Kohlrabi 1/2 Stück / 200g. (empfehlenswert)
Tomate 2 Stück / 80g. (empfehlenswert)
Zwiebel weiss 1 Stück / 50g. (ja)
Lorbeerblatt 2 Blatt / 1g. (ja)
Fenchel 1 Stück / 250g. (empfehlenswert)
Sternanis 2 Stück / 1g. (ja)
Wacholderbeere 6 Stück / 2g. (ja)
Chili (Schote oder gemahlen) 1 Prise / 0,2g. (ja)
Olivenöl 3 EL / 30g. (empfehlenswert)
Salz 1 Prise / 1g. (wenig)
Ingwer frisch 1/2 TL / 2g. (ja)
Schwarzkümmel 1 Prise / 1g. (ja)

Kochanleitung:
Die kleingeschnittene Zwiebel in einem Topf in Öl anbraten.
Gewürfeltes Gemüse, Gewürze, Linsen (gut gewaschen) und Salz
zugeben. Mit kaltem Wasser ausreichend (3 fingerbreit) bedeckt 20
Min. auf kleiner Stufe kochen. Mit frischen Kräutern und
Schwarzkümmel bestreut servieren. Passt sehr gut zu Reis!

3.13 Bircher Müsli

Ballaststoffreich, verdauungsregulierend, lindert Verstopfung, stärkt
Magen und Abwehrkraft, gut bei Abwehrschwäche und Appetitlosigkeit.
Anzahl Portionen: 1
Kalorien p. Portion 384
Gramm p. Portion 311
Kochdauer ca. 2 Stunden
Allergene: AGH
(Kohlehydrat:69,38% / Eiweiß & Fett:30,62%)
100g.≈ Eiweiß 9,57g. Fett:13,23g.
µg. - Ph:87,92 Na:21,96 Ka:193,37 Mg:28,41 Ca:51,47 Fe:0,78 Zn:0,5 Col.:3,6 Hsr.:26,51

Zutaten:
Müsli 2 EL / 20g. (ja)
Hafer Flocken (Vollkorn) 2 EL / 20g. (ja)
Joghurt (natur, 3,5 % Fett) 6 EL / 80g. (ja)
Zitrone 1 EL / 10g. (ja)
Acerola Fruchtnektar oder Pulver 1/2 TL / 1g. (empfehlenswert)
Apfel (sauer) 1 Stück / 170g. (empfehlenswert)

Haselnüsse 1 EL / 10g. (empfehlenswert)

Kochanleitung:
Haferflocken in Joghurt einrühren und für einige Stunden (oder über Nacht) in den Kühlschrank stellen. Zum Süßen können Rosinen mit dazu gegeben werden. Dann die geriebenen Nüsse, den Zitronensaft, Acerola und geriebenen Apfel untermengen.

3.14 Bittergurke mit Tomaten-Gemüse

Gegen Altersdiabetes, Verstopfung und Infektionen. Fördert Verdauung, regt an, wärmt, ist krampflösend und appetitanregend.

Anzahl Portionen: 2
Kalorien p. Portion 177
Gramm p. Portion 274,75
Kochdauer ca. 30 Min.
Allergene: G
(Kohlehydrat:47,08% / Eiweiß & Fett:52,92%)
100g.≈ Eiweiß 3,69g. Fett:12,19g.
µg. - Ph:20,69 Na:6,48 Ka:110,74 Mg:10,02 Ca:20,62 Fe:0,33 Zn:0,05 Col.:0,26 Hsr.:3,8

Zutaten:
Gurke (bitter) 2 Stück / 250g. (empfehlenswert)
Tomate 2 Stück / 200g. (empfehlenswert)
Joghurt (natur, 3,5 % Fett) 4 EL / 40g. (ja)
Maiskeimöl 3 EL / 20g. (wenig)
Zitrone 1 Stück / 5g. (ja)
Knoblauch 4 Stück / 5g. (empfehlenswert)
Ingwer frisch 10 g. / 10g. (ja)
Chili (Schote oder gemahlen) 2 g. / 2g. (ja)
Koriander 1 EL / 5g. (ja)
Kardamom 1 EL / 5g. (ja)
Cumin (Kreuzkümmel) 1 EL / 5g. (ja)
Safran 1 g. / 1g. (empfehlenswert)
Salz 1 Prise / 1g. (wenig)
Pfeffer gemahlen 1 Prise / 0,5g. ()

Kochanleitung:
Die Bittergurken halbieren, entkernen, zuerst in Streifen und dann in kleine Würfel schneiden. Tomaten würfelig und die Chilischote in dünne Ringe schneiden. Knoblauch und Ingwer schälen und fein schneiden .Die Bittergurken in einem Topf mit Öl unter Rühren anbraten. Tomaten, Knoblauch, Ingwer und Salz zufügen und 15 Min. köcheln lassen. Die Gewürze und den Zitronensaft unterrühren. Dazu passt Reis oder Kartoffeln.

3.15 Blattsalat mit Frischkäse

Die Bitterstoffe besitzen eine galle- und harntreibende Wirkung und fördern die Durchblutung im Verdauungstrakt mit deutlicher Verbesserung der gesamten Verdauungsfunktion. Senf verbessert Schilddrüsenfunktion und lindert rheumatische Beschwerden.

Anzahl Portionen: 1
Kalorien p. Portion 802
Gramm p. Portion 260,5
Kochdauer ca. 5 min.
Allergene: AFM
(Kohlehydrat:20,86% / Eiweiß & Fett:79,14%)
100g.≈ Eiweiß 22,11g. Fett:52,98g.
µg. - Ph:138,56 Na:312,5 Ka:257,23 Mg:28,83 Ca:84,45 Fe:0,54 Zn:0,48 Col.:0,06 Hsr.:14,62

Zutaten:

Blattsalate (bitter) 2 Portionen / 60g. (ja)
Frischkäse aus Soja 150 g. / 150g. (ja)
Senf 1 Messerspitze / 1g. (empfehlenswert)
Zitrone Saft 1 Schuss / 3g. (ja)
Salz 1 Prise / 1g. (wenig)
Pfeffer gemahlen 1 Prise / 0,5g. ()
Kräuter verschiedene 2 TL / 4g. (ja)
Schwarzkümmel 1 Prise / 1g. (ja)
Vollkornbrot 2 Scheiben / 40g. (empfehlenswert)

Kochanleitung:

Blattsalat waschen und klein zupfen. 150 g Frischkäse, etwas Senf, einen Spritzer Zitronensaft, 1 Zehe Knoblauch, gehackte frische Kräuter, eine Prise Pfeffer und zerstoßenen Schwarzkümmel verrühren und über den Salat geben. Dazu Vollkornbrot reichen.

3.16 Blitzschnelle Zucchinisuppe

Harntreibend, stärkt Magen-Darm-Funktion, erweitert Blutgefäße, bakterizid, beugt Krebs vor, beugt Krankheiten vor (bei älteren Menschen), regt Leberfunktion an, entgiftet.

Anzahl Portionen: 4
Kalorien p. Portion 42
Gramm p. Portion 241,5
Kochdauer ca. 10 min
(Kohlehydrat:46,03% / Eiweiß & Fett:53,97%)
100g.≈ Eiweiß 1,77g. Fett:2,05g.
µg. - Ph:3,81 Na:0,41 Ka:29,78 Mg:3,2 Ca:5,37 Fe:0,22 Zn:0,01 Col.:0 Hsr.:2,85

Zutaten:
Zucchini 2-3 Stück / 500g. (ja)
Zwiebel weiss 1 Stück / 50g. (ja)
Maiskeimöl 2 EL / 6g. (wenig)
Petersilie 1 EL / 7g. (empfehlenswert)
Lauchzwiebel Schnittlauch 1 TL / 3g. (empfehlenswert)
Wasser 1/2 Liter / 400g. (ja)

Kochanleitung:
Gehackte Zwiebel in Öl andünsten. In Scheiben geschnittene Zucchini
zufügen und gut andünsten. Mit Wasser aufgießen. Petersilie und
Schnittlauch grob gehackt zufügen und alles pürieren.

3.17 Bohnenpasta pikant süß

Harntreibend, senkt den Cholesterinspiegel, beugt Arteriosklerose vor,
antioxidativ, fördert Verdauung, hilft Fett zu verdauen, senkt Blutdruck.
Anzahl Portionen: 1
Kalorien p. Portion 311
Gramm p. Portion   236
Kochdauer ca.   1 Stunde
Allergene: MO
(Kohlehydrat:60% / Eiweiß & Fett:40%)
100g.≈ Eiweiß 30,04g. Fett:25,6g.
µg. - Ph:193,06 Na:57,14 Ka:452,19 Mg:77,53 Ca:58,65 Fe:3,77 Zn:0,65 Col.:0,08
Hsr.:68,19

Zutaten:
Schwarze Bohnen 1 Tasse / 120g. (ja)
Ingwer frisch 2 cm. / 3g. (ja)
Boxhornkleesamen 1/2 TL / 2g. (ja)
Tomatenmark 1 EL / 10g. (ja)
Olivenöl 2 EL / 20g. (empfehlenswert)
Kürbiskernöl 1 Schuss / 3g. (wenig)
Senf 1 Messerspitze / 1g. (empfehlenswert)
Rettich Meerrettich (Kren) 1 TL gerieben / 2g. (empfehlenswert)
Pfeffer gemahlen 1 Prise / 0,5g. ()
Knoblauch 2 Zehen / 3g. (empfehlenswert)
Salz 1 Prise / 1g. (wenig)
Zucker Melasse 2-3 EL / 20g. (wenig)
Zitrone Schale 1/2 Stück / 1g. (ja)
Wasser 2 Tassen / 50g. (ja)

Kochanleitung:
Bohnen mit Gewürzen und Ingwer kochen, Wasser abgießen und pürieren. Mit Gewürzen abschmecken und mit Zuckerrübensirup und Zitronenschale verfeinern.

3.18 Bratapfel

Gut bei akuter oder chronischer Verstopfung, erwärmt Magen und Milz, fördert Durchblutung. Gut bei Magenschmerzen, Verdauungsstörungen, Nierenschwäche, Rücken- und Bauchschmerzen, Impotenz, Nierenschwäche.

Anzahl Portionen: 4
Kalorien p. Portion 408
Gramm p. Portion 353,5
Kochdauer ca. 30 Min.
Allergene: GH
(Kohlehydrat:51% / Eiweiß & Fett:49%)
100g.≈ Eiweiß 11,89g. Fett:22,21g.
µg. - Ph:5,08 Na:1,79 Ka:11,92 Mg:1,37 Ca:5,71 Fe:0,03 Zn:0,03 Col.:4,65 Hsr.:0,51

Zutaten:
Apfel (sauer) 4 Stück / 500g. (empfehlenswert)
Haselnüsse 50 g. / 50g. (empfehlenswert)
Mandeln 50 g. / 50g. (empfehlenswert)
Zimtpulver 1 Prise / 0,2g. (ja)
Vanillezucker natur 1 Paket / 3g. (ja)
Kuhmilch (Vollmilch 3,5 % Fett) 2 EL / 24g. (ja)
Zucker (Staubzucker) 3 EL / 36g. (wenig)
Zimtpulver 1 Prise / 1g. (ja)

Kochanleitung:
Die Äpfel waschen, einen Deckel abkappen, Kerngehäuse mit einem Teelöffel ausstechen, so dass unten der Apfel dicht bleibt. Nüsse, Mandelstifte, Fruchtzucker, Milch, Vanillezucker und Zimt gut vermengen und die Masse in die Äpfel füllen. Die Deckel wieder aufsetzen. Im vorgeheizten Backofen bei 180 Grad ca. 20 Min. backen.
Staubzucker und Zimt mischen,
Vanille-Joghurt auf Teller verteilen, jeweils 1 Bratapfel darauf setzen, mit Zimt-Staubzuckermischung bestreuen und sofort heiß servieren!

3.19 Brennnessel mit Mangold Suppe

Harntreibend, reinigt die Nieren, blutreinigend, entschlackend, unterstützend bei Prostatabeschwerden, hemmt die Bildung von Entzündungsstoffen, wirkt schmerzlindernd. Mangold unterstützt die Darmtätigkeit und reinigt den Darm.

Anzahl Portionen: 4
Kalorien p. Portion 52
Gramm p. Portion   230,38
Kochdauer ca.   30 Min.
Allergene:
(Kohlehydrat:41,21% / Eiweiß & Fett:58,79%)
100g.≈ Eiweiß 2,64g. Fett:2,87g.
µg. - Ph:5,68 Na:12,63 Ka:52,35 Mg:11,26 Ca:15,14 Fe:0,37 Zn:0,01 Col.:0 Hsr.:9,79

Zutaten:
Brennnessel 1 Handvoll / 10g. (ja)
Mangold 1/2 Kg. / 500g. (ja)
Salz 1 Prise / 1g. (wenig)
Wasser 1/2 Liter / 400g. (ja)
Olivenöl 1 EL / 10g. (empfehlenswert)
Pfeffer gemahlen 1 Prise / 0,5g. ()

Kochanleitung:
In einem Topf das Öl erhitzen, den gewaschenen und fein geschnittenen Mangold dazugeben, salzen und 10 Min. köcheln lassen. Die gehackten Brennnesseln zufügen und weitere 10 Min. kochen. Mit Pfeffer würzen und pürieren.

3.20 Brokkolicrèmesuppe

Gegen Thrombose, fördert Schilddrüsenfunktion, stärkt das Immunsystem, fördert Aufbau und Erhalt von gesunden Knochen, Zähnen, Haaren und Nägeln. Senkt Blutdruck, bakterizid, beugt Krebs vor, reduziert Strahlenverletzungen.

Anzahl Portionen: 6
Kalorien p. Portion 98
Gramm p. Portion   251,25
Kochdauer ca.   30 min.
Allergene: LO
(Kohlehydrat:78,7% / Eiweiß & Fett:21,3%)
100g.≈ Eiweiß 4,18g. Fett:1,91g.
µg. - Ph:6,81 Na:2,68 Ka:26,22 Mg:8,36 Ca:32,5 Fe:0,16 Zn:0,01 Col.:0 Hsr.:2,7

Zutaten:
Olivenöl 2-3 EL / 7g. (empfehlenswert)
Brokkoli 500 g. / 500g. (empfehlenswert)
Karotte (Mohrrübe, Möhre) 2 Stück / 150g. (empfehlenswert)
Kartoffel 2 Stück / 120g. (ja)
Zwiebel weiss 1 Stück / 50g. (ja)
Wasser 1 Tasse / 50g. (ja)
Grundrezept für eine Gemüsebrühe 1/2 Liter / 500g. (empfehlenswert)
Weißwein 1/8 Liter / 125g. (wenig)
Salbei 1 TL / 2g. (ja)
Rosmarin 1 TL / 2g. (ja)
Pfeffer gemahlen 1 Prise / 0,5g. ()
Salz 1 Prise / 1g. (wenig)

Kochanleitung:
Olivenöl in die Pfanne geben, den gewaschenen und in Stücke
geschnittenen Brokkoli, gewürfelte Karotten und Kartoffeln zugeben,
kurz andünsten, klein geschnittene Zwiebel zufügen und alles
mindestens drei fingerbreit mit Wasser auffüllen. Mit Brühe und ganz
wenig Weißwein aufgießen und mit Salz, geschnittenem Salbei und
Rosmarin würzen, aufkochen lassen und auf kleinem Feuer ca. 25 Min.
köcheln lassen. Mit Pfeffer und evtl. noch mal Meersalz würzen und
alles pürieren.

3.21 Brokkoli-Parmesan-Aufstrich auf Toastbrot

Fördert Blutgerinnung, Schilddrüsenfunktion und Eigenaufbau von
Vitamin B12. Immun- und abwehrsteigernd, löst Stagnation. Gut bei
Aufstoßen, Diabetes, akuter oder chronischer Verstopfung,
Appetitlosigkeit.
Anzahl Portionen: 2
Kalorien p. Portion   148
Gramm p. Portion   170,5
Kochdauer ca.   15 Min.
Allergene: AG
(Kohlehydrat:29% / Eiweiß & Fett:71%)
100g.≈ Eiweiß 12,1g. Fett:11,33g.
µg. - Ph:34,79 Na:27,37 Ka:60,2 Mg:5,76 Ca:40,04 Fe:0,24 Zn:0,19 Col.:1,88 Hsr.:6,09

Zutaten:
Brokkoli 200 g / 200g. (empfehlenswert)
Topfen (Quark) 20% 80 g. / 80g. (ja)
Joghurt (natur, 1,5 % Fett) 1 EL / 10g. (ja)
Parmesan 2 EL / 15g. (ja)
Zitrone Schale 1/2 TL / 1g. (ja)
Basilikum (frisch) 1 EL / 5g. (ja)
Lauchzwiebel Schnittlauch 1 EL / 5g. (empfehlenswert)
Salz 1 Prise / 1g. (wenig)
Pfeffer gemahlen 1 Prise / 0,3g. ()
Toastbrot (Vollkorn) 6 Scheiben / 24g. (ja)

Kochanleitung:
Brokkoli zugedeckt in einem Siebeinsatz über Wasserdampf in 8 Min.
bissfest garen und fein hacken. Quark, Joghurt, Parmesan und
Zitronenschale gut verrühren und mit dem Brokkoli, Basilikum und
Schnittlauch vermischen. Den Aufstrich mit Salz und Pfeffer
abschmecken und auf dem knusprig getoasteten Brot servieren.

3.22 Bulgur mit Tomaten und frischen Kräutern

Fördert Verdauung, hilft Fett zu verdauen, harntreibend, senkt
Blutdruck, zieht Adern zusammen, vergrößert Herzkranzgefäße, zieht
Gebärmutter zusammen.

Anzahl Portionen: 1
Kalorien p. Portion 205
Gramm p. Portion 244
Kochdauer ca. 30 min.
Allergene: A
(Kohlehydrat:71% / Eiweiß & Fett:29%)
100g.≈ Eiweiß 14,92g. Fett:22,17g.
µg. - Ph:136,51 Na:6,27 Ka:256,14 Mg:48,22 Ca:20,11 Fe:1,82 Zn:1,3 Col.:0,08
Hsr.:78,86

Zutaten:
Bulgur (Getreide) 1 Tasse / 120g. (empfehlenswert)
Tomate 2 Stück / 70g. (empfehlenswert)
Rucola Rauke 2 EL / 16g. ()
Paprika (Rosenpaprikapulver) 1 Prise / 2g. (ja)
Olivenöl 2 EL / 20g. (empfehlenswert)
Pfeffer gemahlen 1 Prise / 0,5g. ()
Salz 1 Prise / 1g. (wenig)
Basilikum 4 Blätter / 2g. (ja)
Thymian 1 Zweig / 3g. (ja)
Zitrone Saft 1/2 Stück / 10g. (ja)

Kochanleitung:
Kaltes Wasser in einem Topf aufsetzen, Bulgur hineinstreuen und gar köcheln. Kleingeschnittene Tomaten, frische Kräuter wie Basilikum und Thymian, Rucola, eine Prise Rosenpaprika, Zitronensaft, einen Schuss Olivenöl, etwas gemahlenen Pfeffer und etwas Salz unterrühren. Empfehlung: Ideale Morgenmahlzeit im Sommer, aber auch gut geeignet als Abendmahlzeit, insbesondere bei Schlafstörungen.

3.23 Bunte toskanische Bohnensuppe

Fördert Verdauung, hilft Fett zu verdauen, harntreibend, senkt Blutdruck und beruhigt den Magen.
Anzahl Portionen: 3
Kalorien p. Portion 249
Gramm p. Portion 256
Kochdauer ca. 2 Stunden
Allergene: L
(Kohlehydrat:38% / Eiweiß & Fett:62%)
100g.≈ Eiweiß 6,91g. Fett:17,64g.
µg. - Ph:1,92 Na:0,64 Ka:6,57 Mg:1,02 Ca:1,91 Fe:0,4 Zn:0,03 Col.:0,01 Hsr.:3,71

Zutaten:
Nierenbohnen (rote) 50 g. / 50g. (ja)
Kichererbsen 25 g. / 25g. (ja)
Linsen (Helmbohnen) 25 g. / 25g. (ja)
Sellerie Stangensellerie 1 Stange / 10g. (ja)
Tomate 2 Stück / 100g. (empfehlenswert)
Fenchelsamen gemahlen 1/2 TL / 1g. (ja)
Salz 1 Prise / 1g. (wenig)
Pfeffer gemahlen 1 Prise / 0,5g. ()
Knoblauch 1 Zehe / 3g. (empfehlenswert)
Olivenöl 3 EL / 50g. (empfehlenswert)
Wasser 600 ml. / 500g. (ja)
Basilikum (frisch) 5-7 Blätter / 3g. (ja)

Kochanleitung:
Hülsenfrüchte einweichen, kochen und pürieren. Gemüse, Gewürze, Kräuter und Öl zugeben und alles 2 Std. leicht garen. Variante: Esskastanien (Maronen) geben dem Gericht noch eine speziell italienische Note.

3.24 Buntes Reisgericht

Stärkt Immunsystem, Milz, Magen, Blut, Muskeln, Sehnen und Knochen, fördert Verdauung, hilft Fett zu verdauen, harntreibend, senkt Blutdruck, löst Stagnation, gut gegen Diabetes.

Anzahl Portionen: 3
Kalorien p. Portion 437
Gramm p. Portion 342,67
Kochdauer ca. 45 Min.
Allergene: L
(Kohlehydrat:63% / Eiweiß & Fett:37%)
100g.≈ Eiweiß 17,03g. Fett:10,23g.
µg. - Ph:7,97 Na:4,89 Ka:17,25 Mg:6,38 Ca:18,08 Fe:0,14 Zn:0,11 Col.:1 Hsr.:5,14

Zutaten:
Olivenöl 2 TL / 20g. (empfehlenswert)
Zwiebel Frühlingszwiebel 1 Stück / 20g. (ja)
Rind Fleisch 125 g. / 125g. (ja)
Reis Vollkorn 80 g. / 80g. (empfehlenswert)
Grundrezept für eine Gemüsebrühe 300 ml. / 300g. (empfehlenswert)
Sellerie Knolle 50 g. / 50g. (ja)
Lauch (Porree) 1 Stück / 100g. (empfehlenswert)
Bohnen (grün, frisch) 150 g. / 150g. (ja)
Karotte (Mohrrübe, Möhre) 1 Stück / 70g. (empfehlenswert)
Tomate 2 Stück / 100g. (empfehlenswert)
Salz 1 Prise / 0,5g. (wenig)
Pfeffer gemahlen 1 Prise / 0,2g. ()
Paprika (Rosenpaprikapulver) 1 Prise / 0,5g. (ja)
Kräuter verschiedene 2 EL / 12g. (ja)

Kochanleitung:
Lauch und Karotten waschen, putzen und kleinschneiden. Sellerie würfeln, Tomaten in Scheiben schneiden. In einer großen, tiefen Pfanne Öl erhitzen und die kleingeschnittene Zwiebel zusammen mit dem Hackfleisch darin anbraten. Naturreis und vorbereitetes Gemüse (Sellerie, Lauch, Bohnen, Möhre, Tomaten) dazugeben und kurz mit andünsten. Mit Salz, Pfeffer und Paprika würzen, Gemüsebrühe hinzufügen, aufkochen lassen und bei geringer Hitze ca. 20 bis 30 Min. bei kleiner Hitze und geschlossenem Deckel garen lassen. Mit frischen gehackten Kräutern bestreuen und servieren.

3.25 Champignonreis

Stärkt Nieren, ist harntreibend, erwärmt den Körper von innen, erweitert die Gefäße, stärkt die Muskeln, fördert die Verdauung, kuriert Bluthochdruck, löst Stagnation, fördert Gewichtsabnahme. Gut bei Abwehrschwäche und Appetitlosigkeit.

Anzahl Portionen: 2
Kalorien p. Portion 410
Gramm p. Portion 341
Kochdauer ca. 30 Min.
Allergene: L
(Kohlehydrat:89% / Eiweiß & Fett:11%)
100g.≈ Eiweiß 10,01g. Fett:3,44g.
µg. - Ph:30,31 Na:3,54 Ka:32,26 Mg:27,24 Ca:62,74 Fe:0,37 Zn:0,16 Col.:0 Hsr.:12,22

Zutaten:
Zwiebel weiss 1 Stück / 50g. (ja)
Lorbeerblatt 2 Stück / 1g. (ja)
Nelke 2 Stück / 1g. (ja)
Grundrezept für eine Gemüsebrühe 400 g. / 350g. (empfehlenswert)
Reis Vollkorn 200 g / 200g. (empfehlenswert)
Champignon 60 g. / 60g. (ja)
Petersilie 20 g. / 20g. (empfehlenswert)
Pfeffer gemahlen 1 Prise / 0,2g. ()

Kochanleitung:
Die Nelken in die Zwiebel stecken, die Gemüsebrühe mit der Zwiebel und den Lorbeerblättern zum Kochen bringen und den Reis in die kochende Flüssigkeit geben. Temperatur auf die kleinste Stufe zurückschalten und mit geschlossenem Deckel 20-25 Min. garziehen lassen. In der Zwischenzeit die Champignons putzen, in Scheiben schneiden, mit wenig Wasser kurz andünsten oder anbraten. Die Petersilie waschen und fein hacken. Aus dem fertigen Reis die Zwiebel herausnehmen, die Champignons und die Petersilie hinzugeben und mit Pfeffer und Salz abschmecken.

3.26 Couscous-Salat

Bakterizid, beugt Krebs vor, stärkt Magensaftproduktion, fördert Verdauung, regt Leberfunktion an, senkt Blutdruck, stärkt Immunsystem, reduziert Strahlenverletzungen, harntreibend.

Anzahl Portionen: 3
Kalorien p. Portion 338
Gramm p. Portion 285,67
Kochdauer ca. 25 Min.
Allergene: A
(Kohlehydrat:75,44% / Eiweiß & Fett:24,56%)
100g.≈ Eiweiß 12,22g. Fett:7,11g.
µg. - Ph:15,3 Na:17,27 Ka:83,68 Mg:6,5 Ca:21,3 Fe:0,46 Zn:0,07 Col.:0 Hsr.:13,69

Zutaten:
Wasser 250 ml. / 100g. (ja)
Olivenöl 1 EL / 15g. (empfehlenswert)
Couscous 200 g / 200g. (empfehlenswert)
Zitrone Saft 3 EL / 30g. (ja)
Zitrone Schale 1 TL / 2g. (ja)
Tomate 2 Stück / 80g. (empfehlenswert)
Gurke 100 g. / 100g. (ja)
Karotte (Mohrrübe, Möhre) 100 g. / 100g. (empfehlenswert)
Petersilie 1 Bund / 100g. (empfehlenswert)
Lauchzwiebel Schnittlauch 1 Bund / 100g. (empfehlenswert)
Pfefferminze 3 Äste / 30g. (ja)

Kochanleitung:
In einem kleinen Topf 250 ml Wasser mit Salz und 1 EL Olivenöl zum Kochen bringen. Couscous einrühren, vom Herd nehmen und zugedeckt 5 Min. quellen lassen. Couscous zurück auf den Herd stellen und bei milder Hitze weitere ca. 2 Min. unter ständigem leichten Rühren ziehen lassen. Eventuell noch 1-3 EL heißes Wasser untermischen. Couscous mit Zitronensaft, kleingehackter Zitronenschale und 1 EL Öl vermischen, mit Salz und Pfeffer abschmecken und etwas durchziehen lassen. Couscous mit gewürfelten Tomaten und Gurken, geriebenen Karotten, Petersilie, Schnittlauch und Minze (fein gehackt) vermischen. Couscous-Salat mit Zitronensaft, Salz und Pfeffer abschmecken.

3.27 Cranberrisaft

Antibakteriell, harntreibend. Gut bei Appetitlosigkeit, Arteriosklerose, Blasenentzündung, Durchfall, Fieber, Gicht, Magengeschwür, Mundschleimhautentzündung, Rheuma. Gegen freie Radikale, gegen Erkältung. Beugt Vitamin-C-Mangel vor.

Anzahl Portionen: 1
Kalorien p. Portion 43
Gramm p. Portion 160
Kochdauer ca. 5 Min.
(Kohlehydrat:98,46% / Eiweiß & Fett:1,54%)
100g.≈ Eiweiß 0,14g. Fett:0,02g.
µg. - Ph:2,06 Na:1,53 Ka:11,69 Mg:1,16 Ca:4,22 Fe:0,09 Zn:0,1 Col.:0 Hsr.:3,12

Zutaten:
Cranberries 2 EL / 25g. (empfehlenswert)
Wasser 1 Tasse / 125g. (ja)
Honig 1 EL / 10g. (ja)

Kochanleitung:
Cranberries und etwas Wasser mit dem Pürierstab zu einem Brei mixen. Mit dem restlichen Wasser aufgießen und mit Honig süßen.

3.28 Curryreis mit Rosinen und Nüssen

Stoppt Durchfall, fördert Verdauung, regt Appetit an, harmonisiert Magen, fördert Durchblutung, verbessert Medikamentenwirkung, entschlackt die Haut, regt Nerven an, befreit Atmung, erhöht Körpertemperatur, schweißtreibend.

Anzahl Portionen: 4
Kalorien p. Portion 275
Gramm p. Portion 291
Kochdauer ca. 30 min.
Allergene: HO
(Kohlehydrat:76,19% / Eiweiß & Fett:23,81%)
100g.≈ Eiweiß 3,78g. Fett:8,88g.
µg. - Ph:12,77 Na:2,26 Ka:25,36 Mg:5,82 Ca:3,11 Fe:0,14 Zn:0,02 Col.:0 Hsr.:4,85

Zutaten:
Sonnenblumenöl 1 EL / 15g. (wenig)
Zwiebel weiss 1 Stück / 50g. (ja)
Curry 1/2 TL / 2g. (ja)
Reis Wilder (Naturreis) 1 Tasse / 120g. (empfehlenswert)
Salz 1 Prise / 1g. (wenig)
Weißwein 1/8 Liter / 125g. (wenig)
Zitrone alternativ für Weißwein / g. (ja)
Paprika (Rosenpaprikapulver) 1 Prise / 1g. (ja)

Apfel (süß) 2 Stück / 300g. (empfehlenswert)
Rosinen 2 EL / 25g. (ja)
Walnüsse 2 EL / 25g. (ja)
Wasser 6 Tassen / 500g. (ja)

Kochanleitung:
Öl in einem Topf erhitzen und kleingeschnittene Zwiebeln darin glasig dünsten. Curry dazugeben und kurz aufschäumen lassen. Dann rohen Reis einige Minuten bei schwacher Hitze unter ständigem Rühren darin anbraten. Salz, einen Schuss Weißwein oder Zitronensaft, Rosenpaprika, süße Äpfel (kleingeschnitten), Rosinen und gehackte, geröstete Nüsse zufügen. Mit heißem Wasser übergießen, bis alles gut bedeckt ist und köcheln lassen, bis der Reis gar ist. Dazu passt: Karotten-Fenchel-Gemüse, Hülsenfrüchte mit gekochtem Gemüse, geschnetzeltes Geflügel mit Ingwer und Pilzen.

3.29 Dinkel mit Obst und Nüssen

Regt Appetit an, stoppt Durchfall, fördert Verdauung, lindert Müdigkeit, schützt vor Tumorleiden und Leukämie, wirkt förderlich bei Lebensmittelallergien, ist stoffwechselregulierend, senkt Blutzucker und Cholesterin, entzündungshemmend im Magen-Darm-Trakt

Anzahl Portionen: 3
Kalorien p. Portion 289
Gramm p. Portion 286,33
Kochdauer ca.   1 1/2 Stunden
Allergene: AH
(Kohlehydrat:76% / Eiweiß & Fett:24%)
100g.≈ Eiweiß 8,64g. Fett:6,67g.
µg. - Ph:9,7 Na:8,81 Ka:25,53 Mg:3,53 Ca:2,83 Fe:0,14 Zn:0,02 Col.:0 Hsr.:2,96

Zutaten:
Dinkel 1 Tasse / 120g. (empfehlenswert)
Wasser 1 Tasse / 50g. (ja)
Apfel (süß) 1 Stück / 220g. (empfehlenswert)
Aprikose 1 Stück / 200g. (empfehlenswert)
Pfirsich 1 Stück / 120g. (ja)
Zimtpulver 1 Prise / 1g. (ja)
Kardamom 1 Prise / 1g. (ja)
Salz 1 Prise / 1g. (wenig)
Erdbeere 1 Tasse / 120g. (ja)
Mandelmus 1 EL / 15g. (ja)
Kakao 1 Prise / 1g. (ja)
Walnüsse 1 EL / 10g. (ja)

Kochanleitung:
Dinkel in heißem Wasser aufsetzen und gar kochen. Danach: Süßes, kleingeschnittenes Obst (Äpfel, Aprikosen, Pfirsiche) in wenig heißem Wasser mit etwas Zimt kurz andünsten. Gemahlenen Kardamom und/oder Koriander, eine kleine Prise Salz, den gekochten Dinkel und evtl. Erdbeeren (nach Jahreszeit) dazugeben und erhitzen. Mit Kakao und gerösteten Nüssen überstreuen.

3.30 Dinkelgrießbrei mit Beeren der Saison

Leicht abführend, stärkt Immunsystem, aktiviert Zellstoffwechsel, entzündungshemmend, wirkt kreislaufstabilisierend.

Anzahl Portionen: 2
Kalorien p. Portion 244
Gramm p. Portion 221,6
Kochdauer ca. 15 Min.
Allergene: AGH
(Kohlehydrat:57,17% / Eiweiß & Fett:42,83%)
100g.≈ Eiweiß 6,6g. Fett:14,34g.
µg. - Ph:46,36 Na:39,05 Ka:81,18 Mg:13,55 Ca:27,35 Fe:0,46 Zn:0,08 Col.:3,13 Hsr.:6,44

Zutaten:
Kuhmilch (1,5 % Fett) 1/8 Liter / 125g. (ja)
Wasser 1/8 Liter / 125g. (ja)
Dinkel Gries 5 EL / 50g. (empfehlenswert)
Butter Bio 2 TL / 20g. (ja)
Beeren der Saison 100 g. / 100g. (empfehlenswert)
Honig 1-2 TL / 5g. (ja)
Mandeln 1-2 TL / 5g. (empfehlenswert)
Pfefferminze 3-4 Blätter / 2g. (ja)
Zimtpulver 1 Prise / 0,5g. (ja)
Vanille 1 Prise / 0,2g. (ja)
Kakao 1 Prise / 0,5g. (ja)
Kokosraspeln 1 EL / 10g. (ja)

Kochanleitung:
Dinkelgrieß in kaltes Wasser einrühren und bei mittlerer Hitze langsam aufkochen, umrühren, vom Herd nehmen und einige Minuten quellen lassen. Je nach gewünschter Konsistenz ist eventuell noch etwas Wasser zuzufügen. Butter und geriebene Nüsse in den Brei einrühren und Himbeeren unterheben. Mit Honig oder Vollrohrzucker nach Belieben süßen und servieren. Gewürze und Aromen: Frische Minze, Zimt oder Vanille, Kakao, Kokosraspel Sommer: Himbeeren, Heidelbeeren oder Erdbeeren verwenden.

3.31 Fein gewürzte Zucchini mit Tomaten

Harntreibend, fördert Verdauung, hilft Fett zu verdauen, senkt Blutdruck, löst Stagnation, antioxidativ, erwärmt den Körper von innen, erweitert die Gefäße.

Anzahl Portionen: 4
Kalorien p. Portion 203
Gramm p. Portion 396,5
Kochdauer ca. 10 Min.
(Kohlehydrat:71,84% / Eiweiß & Fett:28,16%)
100g.≈ Eiweiß 5,39g. Fett:6,62g.
µg. - Ph:10,4 Na:0,79 Ka:35,33 Mg:6,3 Ca:5,58 Fe:0,26 Zn:0,02 Col.:0 Hsr.:5,53

Zutaten:
Olivenöl 1 EL / 20g. (empfehlenswert)
Zwiebel weiss 2 Stück / 120g. (ja)
Zucchini 4 Stück / 800g. (ja)
Oregano getrocknet 1 Prise / 1g. (ja)
Basilikum (frisch) 6-8 Blatt / 3g. (ja)
Salz 1 Prise / 1g. (wenig)
Tomate 2 Stück / 120g. (empfehlenswert)
Reis Vollkorn 1 Tasse / 120g. (empfehlenswert)
Wasser 6 Tassen / 400g. (ja)
Salz 1 Prise / 1g. (wenig)

Kochanleitung:
Fein geschnittene Zwiebeln und klein geschnittene Zucchini in Olivenöl in einer Pfanne anbraten, bis sie halb gar sind und reichlich getrockneten Oregano dazugeben. Salzen und klein geschnittene Tomaten einige Minuten mitdünsten, bis die Zucchini gar, aber noch knackig sind. Mit frischem Basilikum anrichten. Variante: Über die Tomaten etwas Schafskäse geben und mit geschlossenem Deckel zu Ende garen. Den Reis im gesalzenen Wasser aufsetzen, aufkochen lassen und bei kleiner Hitze ca. 15 Min. quellen lassen.

3.32 Feiner russischer Borschtsch

Stärkt Milz, Magen und Herz, unterstützt die Blutzirkulation, regt Verdauung an, senkt Blutdruck, stärkt Immunsystem. Zur Kräftigung nach Krankheiten, gegen Blähungen, krampflösend bei Magen-Darm-Beschwerden.

Anzahl Portionen: 6
Kalorien p. Portion 171
Gramm p. Portion 368,33
Kochdauer ca. 30 Min
Allergene: AGLO
(Kohlehydrat:81% / Eiweiß & Fett:19%)
100g.≈ Eiweiß 6,07g. Fett:3,32g.
µg. - Ph:1,04 Na:1,82 Ka:4,72 Mg:1,22 Ca:4,74 Fe:0,02 Zn:0 Col.:0,01 Hsr.:0,78

Zutaten:
Rote Rübe 200 g. / 200g. (ja)
Sonnenblumenöl 1 EL / 10g. (wenig)
Zwiebel Schalotte 2 Stück / 40g. (ja)
Karotte (Mohrrübe, Möhre) 2 Stück / 140g. (empfehlenswert)
Sellerie Knolle 1 Stück / 500g. (ja)
Petersilienwurzel 1 Stück / 150g. (ja)
Lauch (Porree) 5 dag. / 50g. (empfehlenswert)
Grundrezept für eine Gemüsebrühe 3/4 Liter / 650g. (empfehlenswert)
Lorbeerblatt 1 Blatt / 0,2g. (ja)
Wacholderbeere 2 Stück / 2g. (ja)
Muskatnuss 1 Prise / 1g. (ja)
Wirsing/Grünkohl 200 g. / 200g. (ja)
Salz 1 Prise / 1g. (wenig)
Pfeffer gemahlen 1 Prise / 0,5g. ()
Kümmel 1 Prise / 1g. (ja)
Rotwein 1/8 Liter / 125g. (wenig)
Sauerrahm 15% Fett 1 EL / 10g. (ja)
Dill 1 TL / 10g. (ja)
Weißbrot (Weizenbrot) 6 Scheiben / 120g. (wenig)

Kochanleitung:
Die Rote Bete in Öl andünsten. In einem anderen Topf Zwiebeln, Karotten, Sellerie, Petersilienwurzel und Lauch gut anbraten. Mit der Brühe und dem Wein aufgießen und dann Lorbeer, Wacholderbeeren und Muskat zugeben und 15 Min. köcheln lassen. Lorbeer entfernen und alles pürieren. Etwas Brühe separat erhitzen und die angedünstete Rote Bete darin weich köcheln. Nach der halben Garzeit Wirsing oder Weißkohl zugeben und leicht ziehen lassen. Am Ende das pürierte Gemüse zugeben und alles mit Salz, Pfeffer, gemahlenem Kümmel und

eventuell etwas Rotwein abschmecken. Im Teller mit etwas Sauerrahm und fein gehacktem Dill garnieren. Mit je einer Scheibe Weißbrot servieren.

3.33 Fenchel mit gerösteten Walnüssen

Stärkt Magen, entgiftet, lindert Entzündungen, verbessert Durchblutung, verbessert Medikamentenwirkung, regt Appetit an, antioxidativ, fördert Verdauung, regt an, löst Stagnation.

Anzahl Portionen: 4
Kalorien p. Portion 342
Gramm p. Portion   336,25
Kochdauer ca.   20 Min.
Allergene: HO
(Kohlehydrat:54,13% / Eiweiß & Fett:45,87%)
100g.≈ Eiweiß 8,8g. Fett:16,38g.
µg. - Ph:12,18 Na:13,51 Ka:80,99 Mg:8,92 Ca:17,54 Fe:0,45 Zn:0,02 Col.:0 Hsr.:3,52

Zutaten:
Fenchel 4 Stück / 800g. (empfehlenswert)
Muskatnuss 1 Prise / 1g. (ja)
Ingwer frisch 1/2 TL / 1g. (ja)
Salz 1 Prise / 1g. (wenig)
Weißwein 1/8 Liter / 125g. (wenig)
Paprika (Rosenpaprikapulver) 1 Prise / 1g. (ja)
Olivenöl 2 EL / 40g. (empfehlenswert)
Walnüsse 2 EL / 35g. (ja)
Wasser 2 Tassen / 220g. (ja)
Mais Gries (Polenta) 1 Tasse / 120g. (ja)
Salz 1 Prise / 1g. (wenig)

Kochanleitung:
Ganz wenig Wasser in einem Topf erhitzen. In Streifen geschnittenen Fenchel kurz darin andünsten. Muskat, etwas geriebenen Ingwer, Salz, einen Schuss Weißwein und Rosenpaprika zugeben und solange dünsten, bis das Gemüse gar, aber noch knackig ist. Etwas Olivenöl unterrühren und mit gerösteten Walnüssen bestreuen. Die Polenta in einen Topf mit heißem Wasser unter ständigem Rühren einrieseln lassen, bis die Polenta die gewünschte Konsistenz hat und dann salzen. Die Polenta vom Herd nehmen und ca. 10 Min. quellen lassen.

3.34 Fenchel-Kartoffel-Auflauf

Lindert Entzündungen, verbessert Durchblutung, verbessert Verdauung, harntreibend, senkt Cholesterinspiegel. Gut bei Appetitlosigkeit, Blähungen, Darmentzündungen, Sodbrennen. Stärkt Magensaftproduktion.

Anzahl Portionen: 2
Kalorien p. Portion 147
Gramm p. Portion 230,5
Kochdauer ca. 1 1/2 Stunden
Allergene: CGL
(Kohlehydrat:68% / Eiweiß & Fett:32%)
100g.≈ Eiweiß 5,72g. Fett:5,42g.
µg. - Ph:15 Na:12,98 Ka:80,91 Mg:13,52 Ca:40,41 Fe:0,41 Zn:0,09 Col.:7,81 Hsr.:3,64

Zutaten:
Fenchel 200 g. / 200g. (empfehlenswert)
Kartoffel 125 g. / 125g. (ja)
Grundrezept für eine Gemüsebrühe 100 ml. / 100g. (empfehlenswert)
Butter Bio 1 TL / 3g. (ja)
Reismehl 2 TL / 6g. (ja)
Sahne sauer 10% 1 TL / 3g. (ja)
Salz 1 Prise / 1g. (wenig)
Zucker Ursüße (Zuckerrohr) süß 1 Prise / 1g. (wenig)
Huhn Eigelb 1 Stück / 10g. (wenig)
Pfeffer Cayenne 1 Prise / 0,5g. (ja)
Muskatnuss 1 Prise / 0,5g. (ja)
Petersilie 1 TL / 2g. (empfehlenswert)
Lauchzwiebel Schnittlauch 1 TL / 3g. (empfehlenswert)
Parmesan 1 TL / 3g. (ja)
Butter Bio 1 TL / 3g. (ja)

Kochanleitung:
Kartoffeln in der Schale kochen, abkühlen lassen und dann schälen. Fenchel waschen, Stiele abschneiden und evtl. äußere Blätter entfernen. Fenchelgrün zurückhalten und später mit den anderen Kräutern zur Soße geben. Fenchelknollen ca. 15-20 Min. dünsten. Danach Kartoffeln und Fenchel in Scheiben schneiden und schichtweise in eine gefettete Auflaufform geben. Flüssigkeit aus Fenchelbrühe zum Kochen bringen und mit Mehl binden. Mit Meersalz, Cayennepfeffer, Zucker, Muskat und saurer Sahne abschmecken. Abkühlen lassen und mit Eigelb legieren. Die Soße über den Auflauf verteilen, mit Parmesan, fein gehackter Petersilie und Schnittlauch bestreuen. Alles 30 Min. bei ca. 200 Grad im Backofen überbacken.

3.35 Fischsuppe mit Rosmarin

Stärkt Magen, Milz und Leber, senkt Blutdruck, bakterizid, stärkt Immunsystem, beugt Krebs vor, reduziert Strahlenverletzungen, ist cholesterinarm und eiweißreich, fördert Durchblutung, regt Appetit an, antioxidativ, löst Stagnation.

Anzahl Portionen: 4
Kalorien p. Portion 271
Gramm p. Portion 284,25
Kochdauer ca. 30 Min.
Allergene: DLO
(Kohlehydrat:38,39% / Eiweiß & Fett:61,61%)
100g.≈ Eiweiß 15,39g. Fett:14,78g.
µg. - Ph:19,71 Na:7,22 Ka:47,56 Mg:3,06 Ca:5,32 Fe:0,13 Zn:0,03 Col.:0,01 Hsr.:14,36

Zutaten:
Grundrezept für eine Fischbrühe 1/2 Liter / 500g. (empfehlenswert)
Rosmarin 1/2 Bund / 7g. (ja)
Zwiebel Frühlingszwiebel 1 Stück / 20g. (ja)
Olivenöl 2 EL / 35g. (empfehlenswert)
Fischstücke gemischt (Süßwasser) 250 g. / 250g. (empfehlenswert)
Karotte (Mohrrübe, Möhre) 1 Stück / 120g. (empfehlenswert)
Pastinake 1 Stück / 180g. (ja)
Sellerie Knolle 1 Scheibe / 20g. (ja)
Salz 1 Prise / 1g. (wenig)
Pfeffer Körner 2 Stück / 1g. (ja)
Knoblauch 1 Zehe / 3g. (empfehlenswert)

Kochanleitung:
Zwiebel und Knoblauch in Öl glasig braten und mit Fischbrühe aufgießen. Gewürfelte Karotte, Pastinake und Sellerie hinzugeben. Mit Salz und Pfefferkörnern würzen. Die Suppe 25 Min. bei schwacher Hitze köcheln lassen .Den Fisch waschen, mit Zitronensaft beträufeln, in Stücke teilen und mit dem abgezupften Rosmarin in die Suppe geben. Alles 5 Min. bei schwacher Hitze garen. Schnittlauch und Petersilie dazugeben und die Suppe mit dem Salz abschmecken.

3.36 Fischsuppe mit Weißwein, Lorbeer und Majoran

Kräftigt Nieren, nährt Blut und Säfte, harntreibend, stärkt Milz und Leber, senkt Blutdruck, fördert Durchblutung, verbessert Medikamentenwirkung, regt Appetit an, bakterizid.

Anzahl Portionen: 3
Kalorien p. Portion 199
Gramm p. Portion 302,67
Kochdauer ca. 45 Min.
Allergene: DLO
(Kohlehydrat:67% / Eiweiß & Fett:33%)
100g.≈ Eiweiß 7,82g. Fett:3,77g.
µg. - Ph:2,67 Na:2,95 Ka:13,85 Mg:0,87 Ca:2,48 Fe:0,04 Zn:0,02 Col.:0 Hsr.:1,86

Zutaten:

Zwiebel Frühlingszwiebel 2 Stück / 40g. (ja)
Knoblauch 1 Zehe / 2g. (empfehlenswert)
Grundrezept für eine Fischbrühe 1/2 Liter / 500g. (empfehlenswert)
Karotte (Mohrrübe, Möhre) 1 Stück / 60g. (empfehlenswert)
Pastinake 1 Stück / 100g. (ja)
Sellerie Knolle 1 Scheibe / 60g. (ja)
Salz 1 Prise / 1g. (wenig)
Pfeffer Körner 2 Stück / 1g. (ja)
Zitrone 1/4 Stück / 10g. (ja)
Weißwein 1/8 Liter / 125g. (wenig)
Lorbeerblatt 2 Blätter / 1g. (ja)
Rosmarin 1 TL / 2g. (ja)
Lauchzwiebel Schnittlauch 1 TL (gehackt) / 3g. (empfehlenswert)
Petersilie 1 TL Gehackt / 3g. (empfehlenswert)

Kochanleitung:

Zwiebel und Knoblauch in Öl glasig braten. Mit Fischbrühe aufgießen und gewürfelte Karotte, Pastinake und Sellerie zugeben. Mit Salz und Pfefferkörnern würzen und die Suppe 25 Min. bei schwacher Hitze köcheln lassen. Den Fisch waschen, mit Zitronensaft beträufeln, in Stücke teilen und mit dem Wein, den Lorbeerblättern und dem Majoran in die Suppe geben. Alles 5 Min. bei schwacher Hitze garen. Schnittlauch und Petersilie dazugeben und die Suppe mit dem Salz abschmecken.

3.37 Frühlingssalat

Blutbildend, blutreinigend, harntreibend, entgiftend. Senkt Blutdruck, lindert Entzündungen. Gut bei Magenbeschwerden, Verdauungsschwäche, Verstopfung, Durchfall. Hilft Fett zu verdauen.

Anzahl Portionen: 4
Kalorien p. Portion 162
Gramm p. Portion 210,25
Kochdauer ca. 10 Min.
Allergene: AEMN
(Kohlehydrat:67% / Eiweiß & Fett:33%)
100g.≈ Eiweiß 7,68g. Fett:3,57g.
µg. - Ph:3,64 Na:5,07 Ka:20,01 Mg:1,77 Ca:5,24 Fe:0,18 Zn:0,03 Col.:0 Hsr.:2

Zutaten:

Sauerampfer 150 g. / 150g. (ja)
Löwenzahn (junger) 100 g. / 100g. (ja)
Mungbohnensprossen 75 g. / 75g. (ja)
Kresse 100 g. / 100g. (empfehlenswert)
Lauchzwiebel Schnittlauch 1 Bund / 50g. (empfehlenswert)
Tomate 2 Stück / 100g. (empfehlenswert)
Petersilie 1 Bund / 50g. (empfehlenswert)
Sesam Paste (Tahini) 2 EL / 16g. (ja)
Sojasauce 1 Schuss / 3g. (ja)
Senf 1/2 TL / 2g. (empfehlenswert)
Weißbrot (Weizenbrot) 6 Scheiben / 120g. (wenig)

Kochanleitung:

Alle Salatzutaten waschen, mischen und die Soße folgendermaßen zubereiten: Tahin mit Senf, Balsamico-Essig, Tamari, Olivenöl, Schnittlauch und der Hälfte der Petersilie mischen. Die Soße über den Salat gießen und unmittelbar vor dem Servieren die restliche Petersilie drüberstreuen. Mit dem Weißbrot servieren.

3.38 Frühstück - Reis mit Früchten

Gut bei Durchblutungsstörungen, Thrombose, Emboliegefahr, Bluthochdruck, Kopfschmerzen, nach Herzinfarkt und Schlaganfall zu empfehlen, befeuchtet Darm, fördert Blutaufbau, lindert Entzündungen.

Anzahl Portionen: 3
Kalorien p. Portion 230
Gramm p. Portion 282
Kochdauer ca. 10 min. - 3 Stunden
Allergene: GHO
(Kohlehydrat:90% / Eiweiß & Fett:10%)
100g.≈ Eiweiß 3,59g. Fett:7,61g.
µg. - Ph:3,19 Na:0,7 Ka:8,57 Mg:20,72 Ca:21,22 Fe:0,05 Zn:0,02 Col.:0,54 Hsr.:0,92

Zutaten:
Grundrezept für eine Reissuppe (Congee) 6 Tassen / 500g. (ja)
Kuhmilch (Vollmilch 3,5 % Fett) 1/2 bis 1 Tasse / 80g. (ja)
Honig 1 EL / 10g. (ja)
Butter Bio 1 EL / 15g. (ja)
Datteln getrocknet 1 EL / 15g. (ja)
Feige 1 EL / 15g. (ja)
Apfel (sauer) 1 Stück / 200g. (empfehlenswert)
Haselnüsse 1/2 EL / 5g. (empfehlenswert)
Mandeln 1/2 EL / 5g. (empfehlenswert)
Zimtpulver 1 Prise / 1g. (ja)

Kochanleitung:
Reis-Congee nach Grundrezept kochen oder vorgekocht verwenden.
Mit der Milch flüssiger machen und mit Honig süßen. Früchte und
Nüsse in Butter anbraten und mit der fertigen Reissuppe vermischen.
Datteln, Feigen und den Apfel kleingeschnitten zufügen.

3.39 Frühstück mit Käse

Körperschwäche, Magendruck, Aufstoßen, Diabetes, akute oder
chronische Verstopfung des Darmes, Hautprobleme. Kaffee wirkt
harntreibend, regt Appetit an, entgiftet, erhöht Blutzucker, harmonisiert
Herz-Rhythmus.
Anzahl Portionen: 1
Kalorien p. Portion   512
Gramm p. Portion   324
Kochdauer ca.   10 Min.
Allergene: AGO
(Kohlehydrat:47,95% / Eiweiß & Fett:52,05%)
100g.≈ Eiweiß 21,38g. Fett:30,96g.
µg. - Ph:145,95 Na:235,6 Ka:118,65 Mg:23,16 Ca:98,48 Fe:0,91 Zn:1,2 Col.:7,47
Hsr.:21,31

Zutaten:
Wasser 1 Tasse / 120g. (ja)
Kaffee 2 TL / 4g. (ja)
Vollkornbrot 2 Scheiben / 100g. (empfehlenswert)
Margarine 10 g. / 10g. (wenig)
Edamer 30 g. / 30g. (ja)
Erdbeermarmelade 20 g. / 20g. (ja)
Topfen (Quark) 20% 40 g. / 40g. (ja)

Kochanleitung:
Kaffee wie gewohnt zubereiten. Zucker vermeiden oder Süßstoff verwenden. Bestreichen Sie die Brote mit Margarine und geben Sie den Käse und die Marmelade zur Auswahl auf den Frühstückstisch. Dekorativ anrichten erhöht den Appetit.

3.40 Gegrillte Lachssteaks mit Blumenkohl und Kartoffeln

Verbessert Verdauung, regeneriert Haut, harntreibend, senkt Cholesterinspiegel.

Anzahl Portionen: 4
Kalorien p. Portion 329
Gramm p. Portion 386,75
Kochdauer ca. 30 Min.
Allergene: D
(Kohlehydrat:33% / Eiweiß & Fett:67%)
100g.≈ Eiweiß 33,21g. Fett:24,12g.
µg. - Ph:7,53 Na:1,45 Ka:21,74 Mg:1,35 Ca:0,97 Fe:0,04 Zn:0,03 Col.:0,71 Hsr.:4,74

Zutaten:
Knoblauch 1 Zehe / 1g. (empfehlenswert)
Zwiebel Schalotte 1/2 Stück / 5g. (ja)
Zitrone Saft 1 Spritzer / 1g. (ja)
Salz 1 Prise / 1g. (wenig)
Blumenkohl (Karfiol) 1 Stück / 500g. (ja)
Olivenöl 2 EL / 20g. (empfehlenswert)
Knoblauch 1 Zehe / 1g. (empfehlenswert)
Wasser 1/4 Tasse / g. (ja)
Petersilie 3 EL / 15g. (empfehlenswert)
Kartoffel 500 g. / 500g. (ja)
Salz 1 Prise / 1g. (wenig)
Lachs 4 Stück (Steaks) / 500g. (ja)
Zitrone 1/2 Stück / 2g. (ja)

Kochanleitung:
Knoblauch-Schalotten-Mischung: Knoblauch fein zerdrücken, Schalotten fein hacken, einen Spritzer Zitronensaft und Salz dazugeben und verrühren. Mit wenig Öl zu einer Paste verrühren. Blumenkohl: Den Blumenkohl in halbwegs gleichmäßige Stücke zerteilen. In einem schweren Topf das Öl erhitzen und den zerdrückten Knoblauch kurz anbraten. Die Blumenkohlstücke hineingeben und im Öl wenden. Etwas Wasser zugießen und so lange kochen, bis der Blumenkohl bissfest ist. Den Blumenkohl abseihen und das restliche Wasser einkochen lassen, bis eine dicke Soße übrigbleibt. Blumenkohl wieder dazugeben und mit

einem Holzlöffel grob zerdrücken. Die gehackte Petersilie und Salz hinzugeben. Kartoffeln: In einem Topf mit viel Wasser die Kartoffeln weich kochen, abseihen und schälen .Lachssteak: Den Backofen bei ca. 180 Grad vorheizen. Die Lachsscheiben mit der Knoblauch-Schalotten-Mischung einreiben und so dicht wie möglich an der Wärmequelle jeweils 4 bis 8 Min. von beiden Seiten grillen. Sie sind fertig, wenn sich beim Einstechen mit einer Gabel das Fleisch leicht teilen lässt. Alles anrichten und mit Zitronenscheiben und der gehackten Petersilie bestreuen.

3.41 Gegrillte Tomaten mit Käsefüllung

Fördert Verdauung, hilft Fett zu verdauen, harntreibend, senkt Blutdruck, regt Verdauung an.

Anzahl Portionen: 2
Kalorien p. Portion   469
Gramm p. Portion   319,5
Kochdauer ca.   30 Min.
Allergene: ACG
(Kohlehydrat:38% / Eiweiß & Fett:62%)
100g.≈ Eiweiß 18,89g. Fett:30,98g.
µg. - Ph:25,05 Na:101,57 Ka:41,33 Mg:3,14 Ca:21,11 Fe:0,17 Zn:0,12 Col.:13,64 Hsr.:4,36

Zutaten:
Tomate 8 Stück / 200g. (empfehlenswert)
Schafskäse 75 g. / 75g. (ja)
Frischkäse 75 g. / 75g. (ja)
Huhn Ei 1 Stück / 60g. (wenig)
Olivenöl 1 EL / 12g. (empfehlenswert)
Basilikum (frisch) 1 EL / 6g. (ja)
Salz 1 Prise / 1g. (wenig)
Pfeffer gemahlen 1 Prise / 0,5g. ()
Oliven 30 g. / 30g. (ja)
Rucola Rauke 10 dag. / 100g. ()
Weißbrot (Weizenbrot) 4 Scheiben / 80g. (wenig)

Kochanleitung:
Tomaten großzügig aushöhlen und in eine Auflaufform setzen. Käse, Olivenöl, Ei, gehackten Basilikum und Mehl verrühren, mit Salz und Pfeffer würzen und in die Tomaten füllen .Im vorgeheizten Ofen bei 210 Grad auf der mittleren Schiene 15 Min. backen, dann den Backofengrill zuschalten und weitere 3 Min. übergrillen (ohne Umluft). Die Oliven entsteinen, hacken und auf die Tomaten streuen. Tomaten mit Rucola garnieren und mit Weißbrot servieren.

3.42 Gelbe Linsensuppe

Stärkt Milz, Herz und Nieren, harntreibend, beruhigt den Magen, fördert Verdauung, stärkt Immunsystem, beugt Krebs vor, reduziert Strahlenverletzungen, regt Leberfunktion an, antioxidativ.

Anzahl Portionen: 7
Kalorien p. Portion 155
Gramm p. Portion 324
Kochdauer ca. 20 min.
Allergene: A
(Kohlehydrat:73% / Eiweiß & Fett:27%)
100g.≈ Eiweiß 7,59g. Fett:1,91g.
µg. - Ph:0,84 Na:1,47 Ka:3,19 Mg:0,35 Ca:0,64 Fe:0,02 Zn:0,01 Col.:0 Hsr.:1,11

Zutaten:
Linsen gelb 1/2 Kg. / 500g. (ja)
Karotte (Mohrrübe, Möhre) 2 Stück / 150g. (empfehlenswert)
Kohlrabi 1 Stück / 300g. (empfehlenswert)
Zwiebel weiss 1 Stück / 50g. (ja)
Petersilie 1/2 Bund / 100g. (empfehlenswert)
Kurkuma (Gelbwurz) 1 Prise / 1g. (empfehlenswert)
Kardamom 1 Prise / 1g. (ja)
Salz 1 Prise / 1g. (wenig)
Olivenöl 1 EL / 10g. (empfehlenswert)
Wasser 1 Liter / 1000g. (ja)
Zitrone Saft 1/2 Stück / 15g. (ja)
Weißbrot (Weizenbrot) 7 Scheiben / 140g. (wenig)

Kochanleitung:
Linsen gründlich in einem Sieb waschen. In einem Topf Öl erhitzen, fein geschnittene Zwiebel, in Scheiben geschnittene Karotten, in Würfel geschnittenen Kohlrabi und Gewürze kurz darin anbraten und salzen. Linsen dazugeben und mit Wasser bedeckt 20 Min. köcheln lassen. Nach Bedarf mit Wasser ergänzen und mit Salz abschmecken. Mit frischer Petersilie oder frischem grünen Koriander bestreuen und mit Zitronensaft beträufeln. Hier kann man auch rote Linsen verwenden (gleiche Kochzeit). Mit Weißbrot servieren.

3.43 Gemüse-Grieß-Suppe

Harntreibend, harmonisiert Magen und Darm, senkt Blutdruck, regt Verdauung an, reduziert Schmerzen, senkt Cholesterinspiegel, entgiftet. Gut bei Appetitlosigkeit, Blähungen, Darmentzündungen, Sodbrennen, Zwölffingerdarmgeschwüren.

Anzahl Portionen: 3
Kalorien p. Portion 199
Gramm p. Portion 459,67
Kochdauer ca. 20 Min.
Allergene: AEGL
(Kohlehydrat:78,84% / Eiweiß & Fett:21,16%)
100g.≈ Eiweiß 6,38g. Fett:7,03g.
µg. - Ph:12,79 Na:13,89 Ka:69,81 Mg:18,98 Ca:66,25 Fe:0,28 Zn:0,04 Col.:0,39 Hsr.:8,64

Zutaten:
Grundrezept für eine Gemüsebrühe 1/2 Liter / 500g. (empfehlenswert)
Kartoffel 1 Stück / 80g. (ja)
Pastinake 1 Stück / 180g. (ja)
Karotte (Mohrrübe, Möhre) 1 Stück / 120g. (empfehlenswert)
Sellerie Knolle 150 g. / 150g. (ja)
Kohlrabi 1/2 Stück / 200g. (empfehlenswert)
Bohnen (grün, frisch) 10 dag. / 100g. (ja)
Weizen Gries 2 EL / 24g. (ja)
Liebstöckel 1/2 TL / 2g. (ja)
Butter Bio 1 EL / 20g. (ja)
Sojasauce 1 TL / 3g. (ja)

Kochanleitung:
Vorbereitete Gemüsebrühe erhitzen und buntes Gemüse darin weich kochen. Etwas Weizengrieß einstreuen und quellen lassen. Am Schluss reichlich Liebstöckelgrün und etwas Butter unterrühren und mit Sojasoße abschmecken.

3.44 Gemüse-Miso-Suppe mit Tofu

Sehr kräftigend, senkt Blutdruck, stärkt Immunsystem, beugt Krebs vor, reduziert Strahlenverletzungen, fördert Durchblutung, stärkt Magen, Leber und Nieren, stärkt Muskeln, lindert Blähungen.

Anzahl Portionen: 4
Kalorien p. Portion 107
Gramm p. Portion 247,75
Kochdauer ca. 15 Min.
Allergene: EN
(Kohlehydrat:22,33% / Eiweiß & Fett:77,67%)
100g.≈ Eiweiß 1,86g. Fett:9,4g.
µg. - Ph:3,93 Na:13,88 Ka:10,98 Mg:1,98 Ca:4,08 Fe:0,07 Zn:0,01 Col.:0 Hsr.:1,45

Zutaten:
Sesamöl 2 EL / 35g. (wenig)
Zwiebel Schalotte 1 Stück / 20g. (ja)
Karotte (Mohrrübe, Möhre) 1 Stück / 70g. (empfehlenswert)
Lauch (Porree) 5 cm / 10g. (empfehlenswert)
Wasser 3/4 Liter / 750g. (ja)
Endiviensalat 2 EL / 30g. (ja)
Soja Tofu 2 EL / 30g. (empfehlenswert)
Ingwer frisch 1/2 TL / 1g. (ja)
Miso 2 EL / 15g. (ja)

Kochanleitung:
In Sesamöl erst Zwiebeln, dann Karotten sowie den Lauch anbraten und mit Wasser aufgießen und leise köcheln lassen. Sojasprossen und Endivienblätter zugeben und ziehen lassen. Tofuwürfel und etwas Ingwer zugeben und zum Schluss in etwas abgekühltem Kochwasser gelöstes Miso einrühren.

3.45 Gemüsetopf mit Tofu und Curry auf Naturreis

Harntreibend, senkt Blutzucker und Blutdruck, lindert Blähungen, unterstützt die Verdauung, enthält ideale pflanzliche Schleimstoffe, die zur Regeneration der Dünn- und Dickdarmflora wertvolle Dienste leisten, bakterizid, stärkt Immunsystem.

Anzahl Portionen: 6
Kalorien p. Portion 162
Gramm p. Portion 400,17
Kochdauer ca. 30 Min.
Allergene: E
(Kohlehydrat:56% / Eiweiß & Fett:44%)
100g.≈ Eiweiß 8,62g. Fett:6,02g.
µg. - Ph:1,42 Na:0,6 Ka:6,19 Mg:0,81 Ca:1,42 Fe:0,02 Zn:0,01 Col.:0 Hsr.:0,6

Zutaten:
Olivenöl 2 EL / 20g. (empfehlenswert)
Knoblauch 2 Zehen / 3g. (empfehlenswert)
Zwiebel weiss 1 Stück / 60g. (ja)
Curry 2 EL / 16g. (ja)
Wasser 1/2 Liter / 500g. (ja)
Speiserüben 2 Stück / 50g. (ja)
Kürbis 1 Stück / 400g. (ja)
Karotte (Mohrrübe, Möhre) 1 Stück / 100g. (empfehlenswert)
Pastinake 1 Stück / 150g. (ja)
Kartoffel 1 Stück / 70g. (ja)

Süßkartoffel 1 Stück / 70g. (ja)
Blumenkohl (Karfiol) 1/4 Stück / 250g. (ja)
Brokkoli 1/2 Stück / 250g. (empfehlenswert)
Okra 12 Stück / 200g. (ja)
Soja Tofu 1 Stück / 250g. (empfehlenswert)
Basilikum 3 EL / 12g. (ja)
Salz 1 Prise / 0,5g. (wenig)

Kochanleitung:
In einer großen, schweren Kasserolle das Öl bei mittlerer Temperatur
erhitzen, Knoblauch und Zwiebel dazugeben und unter ständigem
Rühren anschwitzen. Mit Currypulver nach Geschmack würzen, etwa 5
Min. behutsam mitbraten und darauf achten, dass Knoblauch und Curry
nicht anbrennen. Das Wasser zugießen und zum Kochen bringen. Nach
und nach sämtliche Gemüse schälen, würfeln und hineingeben und
dabei mit den Sorten beginnen, die die längste Garzeit benötigen.
Sobald das Wasser erneut kocht, zudecken, die Wärmezufuhr drosseln
und das Gemüse etwa 15 Min. köcheln lassen. Wenn es fast weich ist,
Blumenkohl- und Brokkoliröschen sowie die Okra dazugeben und den
Eintopf weitere 10 bis 15 Min. garen. Während der letzten 5 Min. den
Tofu hineingeben und erwärmen. Gleichzeitig den Naturreis kochen: In
einem mittleren Kochtopf mit Wasser den Reis einstreuen, salzen und
zugedeckt ca. 20 Min. auf kleiner Flamme kochen, vom Herd nehmen
und weitere 10 Min. ziehen lassen .Den Eintopf auf dem Naturreis
anrichten und mit Basilikum bestreuen.

3.46 Geröstete Nüsse

Löst Steine, stärkt Milz und Magen, hilft bei Depressionen.
Anzahl Portionen: 2
Kalorien p. Portion 973
Gramm p. Portion   150
Kochdauer ca.   5 Min.
Allergene: H
(Kohlehydrat:17% / Eiweiß & Fett:83%)
100g.≈ Eiweiß 22,6g. Fett:85,5g.
µg. - Ph:97,58 Na:1,75 Ka:142,42 Mg:45 Ca:29,42 Fe:0,87 Zn:0,78 Col.:0 Hsr.:5,83

Zutaten:
Haselnüsse 100 g. / 100g. (empfehlenswert)
Cashewnüsse 100 g. / 100g. (empfehlenswert)
Walnüsse 100 g. / 100g. (ja)

Kochanleitung:
Nüsse in einer Pfanne ca. 5 Min. rösten.

3.47 Gerstenbratlinge

Verbessert Verdauung, senkt Cholesterinspiegel. Gut bei Durchfall, Geschwüren, Gliederschmerzen und Magenproblemen. Stärkt Milz, Leber und Immunsystem, senkt Blutdruck, bakterizid, beugt Krebs vor, reduziert Strahlenverletzungen.

Anzahl Portionen: 3
Kalorien p. Portion 398
Gramm p. Portion 292,67
Kochdauer ca. 1 1/2 Stunden
Allergene: ACN
(Kohlehydrat:63% / Eiweiß & Fett:37%)
100g.≈ Eiweiß 8,38g. Fett:19,69g.
µg. - Ph:7,07 Na:4,18 Ka:17,24 Mg:2,02 Ca:2,5 Fe:0,08 Zn:0,04 Col.:2,76 Hsr.:2,93

Zutaten:
Wasser 2 Tassen / 250g. (ja)
Gerstengrütze 1 Tasse / 120g. (ja)
Kartoffel 1 Stück / 140g. (ja)
Karotte (Mohrrübe, Möhre) 1 Stück / 120g. (empfehlenswert)
Champignon 2-3 Stück / 25g. (ja)
Huhn Ei 1 Stück / 55g. (wenig)
Zwiebel weiss 1 Stück / 50g. (ja)
Ingwer frisch 1/2 TL / 1g. (ja)
Pfeffer gemahlen 1 Prise / 0,5g. ()
Salz 1 Prise / 1g. (wenig)
Zitrone 1/2 Stück / 15g. (ja)
Petersilie 2 EL / 15g. (empfehlenswert)
Paprika (Rosenpaprikapulver) 1 Prise / 1g. (ja)
Sesamöl 2-3 EL / 50g. (wenig)
Brötchen (Semmel) 1 Stück / 35g. (ja)

Kochanleitung:
Vorbereitung: 2 große Tassen heißes Wasser in einen Topf geben, 1 große Tasse Thermo-Gerstengrütze dazugeben und 2 Min. unter Rühren köcheln lassen. Dann 20 Min. auf der ausgeschalteten Herdplatte quellen lassen, herunternehmen und abkühlen lassen. Eine große Kartoffel kleinschneiden und in Wasser kochen. Brötchen in heißem Wasser einweichen und dann gut ausdrücken. Danach die Gerstengrütze, die zerdrückte Kartoffel und das Brötchen vermengen und folgendes zufügen: 1 geraspelte Karotte, 2-3 kleingehackte Champignons, 1 Ei, 1 fein gehackte Zwiebel, ½ TL geriebenen Ingwer, je eine Prise Salz und Pfeffer, etwas Zitronensaft, gehackte Petersilie und reichlich Rosenpaprika. Alles gut durchkneten und Bratlinge formen. In einer heißen Pfanne Sesamöl erhitzen und die

Bratlinge etwa 15 Min. bei schwacher Hitze ausbacken. Nach der Hälfte der Zeit wenden. Dazu passt Blattsalat, Sojasprossengemüse

3.48 Gerstenschrotsuppe

Harntreibend, stärkt Magen, befeuchtet Darm, regt Leberfunktion an, antioxidativ, fördert Verdauung, entgiftet, reduziert Blutfett, regt an, löst Stagnation.

Anzahl Portionen: 2
Kalorien p. Portion 265
Gramm p. Portion 201
Kochdauer ca. 25 Min.
Allergene: A
(Kohlehydrat:75,62% / Eiweiß & Fett:24,38%)
100g.≈ Eiweiß 8,17g. Fett:6,42g.
µg. - Ph:56,06 Na:4,73 Ka:103,77 Mg:19,04 Ca:16,65 Fe:0,63 Zn:0,22 Col.:0,01
Hsr.:17,61

Zutaten:
Gerste 1 Tasse / 120g. (ja)
Salz 1 Prise / 1g. (wenig)
Ingwer frisch 1/2 TL / 1g. (ja)
Olivenöl 1 EL / 10g. (empfehlenswert)
Petersilie 3 EL / 30g. (empfehlenswert)
Wasser 2 Tassen / 240g. (ja)

Kochanleitung:
Gerste in der Pfanne trocken rösten, anschließend zu Schrot mahlen und mit Wasser, etwas Salz und Ingwer zu einem Brei kochen. Vor dem Servieren Öl und Petersilie unterheben. Variante: Man kann dem Gericht einen noch besseren Geschmack verleihen, indem man es mit vorbereiteter Gemüse- oder Fleischbrühe kocht.

3.49 Geschmortes Kaninchen mit Reis und Salat

Stärkt, fördert Durchblutung, regt Appetit an.

Anzahl Portionen: 6
Kalorien p. Portion 522
Gramm p. Portion 432,5
Kochdauer ca. 1 Stunde
Allergene: LMO
(Kohlehydrat:23% / Eiweiß & Fett:77%)
100g.≈ Eiweiß 44,27g. Fett:25,41g.
µg. - Ph:3,11 Na:0,7 Ka:5,93 Mg:0,59 Ca:0,47 Fe:0,03 Zn:0,02 Col.:1,25 Hsr.:3,37

Zutaten:
Olivenöl 2 EL / 20g. (empfehlenswert)
Kaninchen Fleisch 1 Stück (in 10-12 Stücke zerlegt) / 1200g. (ja)
Olivenöl 2 EL / 20g. (empfehlenswert)
Karotte (Mohrrübe, Möhre) 2 Stück / 180g. (empfehlenswert)
Knoblauch 2 Zehen / 3g. (empfehlenswert)
Sellerie Stangensellerie 1 Stange / 10g. (ja)
Zwiebel weiss 1 Stück / 60g. (ja)
Weißwein 350 ml. / 250g. (wenig)
Wasser 1/2 Tasse / 0g. (ja)
Wasser 6 Tassen / 400g. (ja)
Reis Basmatireis 1 Tasse / 120g. (ja)
Salz 1 Prise / 1g. (wenig)
Feldsalat 300 g. / 300g. (empfehlenswert)
Olivenöl 2 EL / 20g. (empfehlenswert)
Zitrone Saft 1/4 Stück / 8g. (ja)
Senf 1 Prise / 1g. (empfehlenswert)
Salz 1 Prise / 1g. (wenig)
Honig 1 Prise / 1g. (ja)

Kochanleitung:
In einer schweren Schmorpfanne das Öl bei niedriger Temperatur
erhitzen. Die Kaninchenteile hineingeben, rundum kräftig anbraten und
danach auf eine Platte legen. Öl in der Pfanne erhitzen, Möhre,
Knoblauch, Stangensellerie und Zwiebel hineingeben, unter
mehrmaligem Rühren goldbraun braten und beiseite stellen. Die
Kaninchenteile wieder in die Pfanne legen, das Gemüse darüber
verteilen, den Wein aufgießen und einige Augenblicke brodeln lassen.
Das Wasser aufgießen und zum Kochen bringen. Den Deckel auflegen,
die Wärmezufuhr drosseln und zwischendurch immer wieder
nachsehen, ob noch genügend Garflüssigkeit vorhanden ist. Nach
Geschmack salzen und das Kaninchen mindestens 90 Min. oder so
lange schmoren, bis das Fleisch weich ist. In der Zwischenzeit den Reis
in einem Topf mit der sechsfachen Menge gesalzenem Wasser auf
kleiner Stufe kochen. Den Salat waschen, trocken schleudern,
kleinzupfen und in einer Schüssel anrichten. In einer kleinen Schüssel
Olivenöl, Zitronensaft, etwas Senf, Salz und Honig gut verrühren und
mit dem Salat vermischen.

3.50 Grießbrei mit Banane

Reguliert Magen-Darm-Funktion, befeuchtet Darm, entzündungshemmend, antiallergisch, kreislaufstabilisierend, kühlt innere Hitze, gut bei Durchblutungsstörungen.

Anzahl Portionen: 1
Kalorien p. Portion 307
Gramm p. Portion 284
Kochdauer ca. 15 Min.
Allergene: AG
(Kohlehydrat:66,17% / Eiweiß & Fett:33,83%)
100g.≈ Eiweiß 10,58g. Fett:10,73g.
µg. - Ph:116,7 Na:93,56 Ka:218,89 Mg:28,56 Ca:92,08 Fe:0,6 Zn:0,36 Col.:7,6 Hsr.:12,8

Zutaten:

Kuhmilch (Vollmilch 3,5 % Fett) 200 ml / 200g. (ja)
Dinkel Gries 3 EL / 30g. (empfehlenswert)
Butter Bio 1 TL / 4g. (ja)
Banane 1/2 Stück / 50g. (empfehlenswert)

Kochanleitung:

Die Hälfte der Milch in einem kleinen Topf erhitzen, Grieß zufügen und aufkochen. Bei schwacher Hitze unter ständigem Rühren 3 Min. ausquellen lassen. Den Topf vom Herd nehmen, nach und nach die übrige Milch mit dem Schneebesen unterschlagen und den Brei in ein Schälchen geben. Die Butter und die zermuste Banane zufügen. Für Erwachsene kann eine Prise Zimt darübergestreut werden.

3.51 Grießsuppe mit Gemüse

Senkt Blutdruck, stärkt Immunsystem, beugt Krebs vor, stärkt Magen, löst Stagnation, fördert Gewichtsabnahme. Gut bei Abwehrschwäche, Appetitlosigkeit, Blähungen, Bluthochdruck, Depressionen, Diabetes, Durchfall, Rheuma, Sodbrennen, Zwölffingerdarmgeschwü

Anzahl Portionen: 3
Kalorien p. Portion 106
Gramm p. Portion 237,7
Kochdauer ca. 20 Min.
Allergene: AGL
(Kohlehydrat:85,32% / Eiweiß & Fett:14,68%)
100g.≈ Eiweiß 2,38g. Fett:4,25g.
µg. - Ph:8,65 Na:9,11 Ka:25,61 Mg:28,49 Ca:112,45 Fe:0,33 Zn:0,03 Col.:0 Hsr.:5,1

Zutaten:

Grundrezept für eine Gemüsebrühe 1/2 Liter / 500g. (empfehlenswert)
Weizen Gries 2 EL / 20g. (ja)
Liebstöckel 1/2 TL / 2g. (ja)

Basilikum (frisch) 1/2 TL / 1g. (ja)
Muskatnuss 1 Prise / 0,1g. (ja)
Karotte (Mohrrübe, Möhre) 100 g. / 100g. (empfehlenswert)
Sellerie Knolle 50 g. / 50g. (ja)
Sahne, süß 30% 3 EL / 30g. (wenig)
Petersilie 1 EL / 10g. (empfehlenswert)

Kochanleitung:
Grieß ohne Fett in einer Pfanne anrösten. Kleingeschnittene Karotten und Sellerie kurz mitrösten. Mit der Gemüsesuppe aufgießen, mit Liebstöckel und Muskatnuss würzen und 10 Min. köcheln lassen. Vor dem Servieren die Sahne einrühren und mit Petersilie garnieren.

3.52 Grundrezept für eine Fischbrühe

Kräftigt Nieren, harntreibend, senkt Blutdruck, bakterizid, stärkt Immunsystem, beugt Krebs vor, reduziert Strahlenverletzungen, fördert Durchblutung, ist cholesterinarm, eiweißreich und regt Appetit an.

Anzahl Portionen: 5
Kalorien p. Portion 128
Gramm p. Portion 243,8
Kochdauer ca. 40 min.
Allergene: DLO
(Kohlehydrat:33,81% / Eiweiß & Fett:66,19%)
100g.≈ Eiweiß 9,81g. Fett:5,2g.
µg. - Ph:14,91 Na:7,09 Ka:31,5 Mg:2,39 Ca:4,63 Fe:0,11 Zn:0,02 Col.:0,01 Hsr.:11,94

Zutaten:
Fischstücke gemischt (Süßwasser) 300 g. / 300g. (empfehlenswert)
Sellerie Knolle 120 g. / 120g. (ja)
Lauch (Porree) 5 cm / 10g. (empfehlenswert)
Karotte (Mohrrübe, Möhre) 2 Stück / 150g. (empfehlenswert)
Weißwein 1/8 Liter / 125g. (wenig)
Zitrone 1/2 Stück / 50g. (ja)
Lorbeerblatt 2 Blätter / 2g. (ja)
Pfeffer Körner 3 Stück / 2g. (ja)
Olivenöl 1 EL / 10g. (empfehlenswert)
Wasser 1/2 Liter / 450g. (ja)

Kochanleitung:
Kleingeschnittenen Sellerie, Karotten und Lauch in Olivenöl andünsten, Lorbeerblatt und Pfefferkörner zugeben, Fischstücke zufügen und kurz mitdünsten. Mit Wasser ablöschen, wenig Weißwein oder Zitrone zugeben und 30 Min. leise köcheln lassen. Mehrmals den entstehenden Schaum abschöpfen. Am Ende die Zutaten durch ein Sieb abseihen.

3.53 Grundrezept für eine Hühnerbrühe

Stärkt Blut, baut Milz und Magen auf, stärkt Knochenmark, senkt Blutdruck, bakterizid, stärkt Immunsystem, beugt Krebs vor, reduziert Strahlenverletzungen, fördert Schwitzen, löst Stagnation. Gut bei Appetitlosigkeit und Blähungen.

Anzahl Portionen: 9
Kalorien p. Portion 90
Gramm p. Portion 244,89
Kochdauer ca. 2-3 Stunden
Allergene: L
(Kohlehydrat:10,44% / Eiweiß & Fett:89,56%)
100g.≈ Eiweiß 15,69g. Fett:11,57g.
µg. - Ph:7,72 Na:5,27 Ka:16,86 Mg:1,2 Ca:3,41 Fe:0,1 Zn:0 Col.:0,25 Hsr.:8,27

Zutaten:
Huhn Fleisch 1/2 Stück / 600g. (wenig)
Karotte (Mohrrübe, Möhre) 2 Stück / 150g. (empfehlenswert)
Lauch (Porree) 1 Stange / 45g. (empfehlenswert)
Sellerie Knolle 1 Stück / 500g. (ja)
Ingwer frisch 2 Scheiben / 2g. (ja)
Bockshornklee 1 TL / 2g. (ja)
Wacholderbeere 1 TL / 3g. (ja)
Lorbeerblatt 3 Stück / 2g. (ja)
Wasser 1 Liter / 900g. (ja)

Kochanleitung:
Hühnerteile von Fett befreien, in einen Topf mit heißem Wasser geben, kurz aufkochen lassen und entstehenden Schaum abschöpfen. Grob geschnittenes Gemüse und alle Gewürze zugeben und 2-3 Std. bei mittlerer Hitze kochen, dann alles abseihen. Tipp: Wenn Sie das Fleisch als Suppeneinlage verwenden möchten, bereits nach 45 Min. herausnehmen und nur die Knochen in der Suppe lassen.

3.54 Grundrezept für eine nahrhafte Gemüsebrühe

Senkt Blutdruck und Blutfett, bakterizid, stärkt Immunsystem, beugt Krebs vor, stärkt Magen, löst Stagnation, fördert Gewichtsabnahme, hilft bei Appetitlosigkeit, Blähungen, Diabetes, Durchfall.

Anzahl Portionen: 5
Kalorien p. Portion 48
Gramm p. Portion 240,6
Kochdauer ca. 2-3 Stunden
Allergene: L
(Kohlehydrat:71,3% / Eiweiß & Fett:28,7%)
100g.≈ Eiweiß 1,57g. Fett:1,31g.
µg. - Ph:4,86 Na:3,67 Ka:25,68 Mg:1,8 Ca:6,32 Fe:0,1 Zn:0,01 Col.:0 Hsr.:2,78

Zutaten:
Olivenöl 1 EL / 4g. (empfehlenswert)
Zwiebel weiss 1 Stück / 60g. (ja)
Karotte (Mohrrübe, Möhre) 3 Stück / 200g. (empfehlenswert)
Pastinake 150 g. / 150g. (ja)
Sellerie Knolle 1 Tasse / 100g. (ja)
Ingwer frisch 1/2 TL / 2g. (ja)
Zitrone 1/2 Stück / 25g. (ja)
Wacholderbeere 6 Stück / 6g. (ja)
Thymian getrocknet 1 Prise / 1g. (ja)
Liebstöckel 1 EL / 3g. (ja)
Lorbeerblatt 2 Blätter / 1g. (ja)
Salz 1 Prise / 1g. (wenig)
Wasser 3/4 Liter / 650g. (ja)

Kochanleitung:
Gemüse würfelig schneiden. Öl in einem Topf erhitzen, die Zwiebel und das Gemüse darin anbraten, Ingwer und Lorbeer zugeben. Mit kaltem Wasser aufgießen, Zitronensaft zufügen und mit Wacholder, Thymian und Liebstöckel würzen. 2-3 Std. auf kleiner Stufe zugedeckt köcheln lassen. Brühe durch ein Sieb streichen und im Kühlschrank aufbewahren. Sie dient als Suppengrundlage und verfeinert Gemüse, Hülsenfrüchte oder Getreide.

3.55 Haferflocken mit aromatischen Gewürzen

Stoppt Durchfall, fördert Verdauung, Appetit anregend, harmonisiert Magen, lindert Durchfall, stärkt Abwehrkraft, wirkt entgiftend und stimuliert das Immunsystem. Alginsäure kann zur Entgiftung des Darmes beitragen.

Anzahl Portionen: 3
Kalorien p. Portion 281
Gramm p. Portion 208
Kochdauer ca. 25 min.
Allergene: AH
(Kohlehydrat:69,06% / Eiweiß & Fett:30,94%)
100g.≈ Eiweiß 6,74g. Fett:10,73g.
µg. - Ph:33,91 Na:2,34 Ka:51,76 Mg:12,79 Ca:8,03 Fe:0,44 Zn:0,11 Col.:0 Hsr.:12,35

Zutaten:
Hafer Flocken (Vollkorn) 1 Tasse / 125g. (ja)
Walnüsse 1 EL / 15g. (ja)
Haselnüsse 1 EL / 15g. (empfehlenswert)
Wasser 2 Tassen / 240g. (ja)

Wakame 2 cm. / 2g. (ja)
Apfel (süß) 1 Stück / 220g. (empfehlenswert)
Kardamom 3-4 Kapseln / 2g. (ja)
Zitronenmelisse (frisch) 3-4 Blätter / 3g. (empfehlenswert)
Acerola Fruchtnektar oder Pulver 1 TL / 2g. (empfehlenswert)

Kochanleitung:
Haferflocken und Nüsse rösten und mit heißem Wasser aufgießen.
Kardamom und Wakame 20 Min. darin kochen. Geriebenen Apfel,
Acerola und Zitronenmelisse zugeben.

3.56 Haferflockensuppe mit Frühlingszwiebeln und Karotten

Senkt Blutdruck, ist bakterizid, stärkt Immunsystem, beugt Krebs vor,
reduziert Strahlenverletzungen, regt Verdauung an, reduziert
Schmerzen, fördert Appetit, löst Stagnation.

Anzahl Portionen: 3
Kalorien p. Portion 135
Gramm p. Portion 266,33
Kochdauer ca. 30 min.
Allergene: AG
(Kohlehydrat:64,93% / Eiweiß & Fett:35,07%)
100g.≈ Eiweiß 3,87g. Fett:5,6g.
µg. - Ph:11,02 Na:3,09 Ka:23,66 Mg:4,24 Ca:7,66 Fe:0,29 Zn:0,05 Col.:0,5 Hsr.:4,9

Zutaten:
Hafer 6 EL / 48g. (ja)
Karotte (Mohrrübe, Möhre) 2 Stück / 200g. (empfehlenswert)
Butter Bio 1 EL / 15g. (ja)
Muskatnuss 1 Prise / 1g. (ja)
Liebstöckel 1 Stiel / 15g. (ja)
Zwiebel Frühlingszwiebel 2 Stück / 40g. (ja)
Wasser 1/2 Liter / 480g. (ja)

Kochanleitung:
Haferflocken in Butter anrösten, Salz und Gewürze zugeben, mit
Wasser aufgießen und aufkochen lassen. Nach 10 Min. die geriebenen
Karotten und den Liebstöckel zufügen und weitere 10 Min. kochen.
Zwiebeln fein schneiden und dazugeben.

3.57 Heidelbeermus

Heidelbeeren wirken abführend, Nelken lösen Stagnation, Zimtpulver erwärmt Magen und Milz. Baut Blut auf, fördert Durchblutung und Leitbahnfluss.

Anzahl Portionen: 1
Kalorien p. Portion 11
Gramm p. Portion 271,1
Kochdauer ca. 10 Min.
(Kohlehydrat:78,35% / Eiweiß & Fett:21,65%)
100g.≈ Eiweiß 0,2g. Fett:0,32g.
µg. - Ph:0,98 Na:1,01 Ka:5,56 Mg:1,09 Ca:6 Fe:0,06 Zn:0,1 Col.:0 Hsr.:1,48

Zutaten:
Heidelbeere 20 g. / 20g. (empfehlenswert)
Zimtpulver 1 Prise / 0,1g. (ja)
Nelke 1 Stück / 1g. (ja)
Wasser 1/4 Liter / 250g. (ja)

Kochanleitung:
Heidelbeeren mit Zimt und Nelke im Wasser 10 Min. kochen. Zimt und Nelke entfernen, pürieren und nach Wunsch süßen.

3.58 Heidelbeer-Quark mit Acaipulver

Hilft bei Körperschwäche, Magendruck, Aufstoßen, Diabetes, akuter oder chronischer Verstopfung und Hautproblemen. Abführend, baut Blut auf, antibakteriell, antioxidativ.

Anzahl Portionen: 2
Kalorien p. Portion 237
Gramm p. Portion 242
Kochdauer ca. 10 Min.
Allergene: GH
(Kohlehydrat:32% / Eiweiß & Fett:68%)
100g.≈ Eiweiß 14,74g. Fett:27,03g.
µg. - Ph:25,9 Na:5,29 Ka:26,12 Mg:2,29 Ca:18,01 Fe:0,1 Zn:0,08 Col.:2,07 Hsr.:2,23

Zutaten:
Heidelbeere 200 g / 200g. (empfehlenswert)
Orangensaft 2 EL / 10g. (empfehlenswert)
Ahornsirup 1 EL / 5g. (empfehlenswert)
Mandeln 1 EL / 5g. (empfehlenswert)
Topfen (Quark) 20% 250 g. / 250g. (ja)
Zucker Ursüße (Zuckerrohr) süß 1 EL / 9g. (wenig)
Acaipulver 2 TL / 5g. (empfehlenswert)
Zimtpulver 1 Prise / 0,5g. (ja)

Kochanleitung:
Die Heidelbeeren in einem Sieb abbrausen und vorsichtig trocken tupfen. Mit Orangensaft und Ahornsirup beträufeln und das Acaipulver unterrühren. Die Mandelstifte in einer Pfanne ohne Fett goldbraun rösten, bis sie duften und auf einem Teller abkühlen lassen. Mit etwas Zimt bestäuben. Quark und Zucker glatt rühren. Abwechselnd mit den marinierten Heidelbeeren in Gläser schichten und mit den Mandelsplittern garnieren.

3.59 Heilbutt mit Tomaten-Knoblauch-Soße

Fördert Verdauung, hilft Fett zu verdauen, harntreibend, senkt Blutdruck, liefert wertvolle Omega-3 Fettsäuren. Gut bei Rheuma, Blähungen, Blasenschwäche, Blutarmut, Diabetes, Durchfall.

Anzahl Portionen: 5
Kalorien p. Portion 319
Gramm p. Portion 297,6
Kochdauer ca. 45 Min.
Allergene: D
(Kohlehydrat:35,73% / Eiweiß & Fett:64,27%)
100g.≈ Eiweiß 34,97g. Fett:9,44g.
µg. - Ph:24,12 Na:43,88 Ka:35,39 Mg:5,15 Ca:4,4 Fe:0,11 Zn:0,01 Col.:0,82 Hsr.:23,91

Zutaten:
Reis Sorte beliebig 1 Tasse / 120g. (ja)
Wasser 6 Tassen / 240g. (ja)
Salz 1 Prise / 1g. (wenig)
Heilbutt 1 Kg / 800g. (empfehlenswert)
Salz 1 Prise / 1g. (wenig)
Pfeffer gemahlen 1 Prise / 0,5g. ()
Zitrone Saft 1 Spritzer / 2g. (ja)
Lorbeerblatt 2 Stück / 2g. (ja)
Zitrone 1 Stück / 30g. (ja)
Knoblauch 8 Stück / 10g. (empfehlenswert)
Thymian getrocknet 1 EL / 5g. (ja)
Oliven 75 g. / 75g. (ja)
Tomate 4 Stück / 200g. (empfehlenswert)
Salz 1 Prise / 1g. (wenig)
Pfeffer gemahlen 1 Prise / 0,5g. ()

Kochanleitung:
Reis im Salzwasser gar kochen. Den Fisch unter fließend kaltem Wasser abspülen, mit Küchenkrepp abtupfen und mit Salz, Pfeffer und Zitronensaft einreiben. Die Fischfilets in eine Auflaufform legen und mit Stücken der Lorbeerblätter belegen Die Zitrone heiß abwaschen und in

Spalten schneiden, den Knoblauch schälen und halbieren. Die Oliven darauf verteilen und mit Thymian bestreuen. Die Tomaten mit heißem Wasser überbrühen, häuten und grob würfeln. Alle Zutaten mischen, mit Salz und Pfeffer würzen und um den Fisch herum verteilen. Alles bei 200 Grad (Umluft 180, Gas Stufe 3) ca. 20 Min. garen. Mit dem Reis anrichten. Zu diesem wohlschmeckenden Fischgericht passt ein gemischter Salat.

3.60 Hirse mit Shiitakepilzen und Avocado

Hilft bei Entzündungen, Schwellungen und Schmerzen. Stärkt Milz und Nieren, regt Verdauung an, aufbauend, entgiftend, nervenstärkend.

Anzahl Portionen: 2
Kalorien p. Portion 558
Gramm p. Portion 302,25
Kochdauer ca. 20 Min.
Allergene: G
(Kohlehydrat:56,63% / Eiweiß & Fett:43,37%)
100g.≈ Eiweiß 10,67g. Fett:32,28g.
µg. - Ph:42,24 Na:2,55 Ka:113,37 Mg:24,26 Ca:7,3 Fe:1,06 Zn:0,22 Col.:1,49 Hsr.:29,53

Zutaten:
Hirse 1 Tasse / 120g. (wenig)
Shiitake, getrocknet 25 g. / 25g. (ja)
Wasser 2 Tassen / 200g. (ja)
Ingwer frisch 1/2 TL / 2g. (ja)
Pfeffer gemahlen 1 Prise / 0,5g. ()
Salz 1 Prise / 1g. (wenig)
Petersilie 1 EL / 7g. (empfehlenswert)
Paprika (Rosenpaprikapulver) 1 Prise / 1g. (ja)
Butter Bio 1 EL / 15g. (ja)
Avocado 1 Stück / 200g. (empfehlenswert)
Zitrone Saft 1 Schuss / 3g. (ja)
Rucola Rauke 2 Handvoll / 30g. ()

Kochanleitung:
Die Hirse in einen Topf mit heißem streuen, in Streifen geschnittene Shiitakepilze und etwas Ingwer dazugeben und gar köcheln. Eine Prise gemahlenen Pfeffer, etwas Salz, reichlich Petersilie, eine Prise Rosenpaprika und ein Stück Butter unterrühren .Währenddessen: ½ Avocado pro Portion auf einer Tellerhälfte anrichten, mit etwas gemahlenem Pfeffer und einer kleinen Prise Salz bestreuen, mit Zitronensaft beträufeln und etwas kleingeschnittenen Rucola oder Rosenpaprika darüberstreuen und das Hirsegericht auf die andere Tellerhälfte verteilen.

3.61 Humus

Entspannt bei Brustdruckgefühl, befeuchtet trockene Haut, hilft bei Inkontinenz, wirkt antioxidativ. Regt Leberfunktion an, entgiftet, stimuliert das Immunsystem, regt an, löst Stagnation.

Anzahl Portionen: 2
Kalorien p. Portion 542
Gramm p. Portion 141
Kochdauer ca. 2 Stunden
Allergene: N
(Kohlehydrat:64% / Eiweiß & Fett:36%)
100g.≈ Eiweiß 24,03g. Fett:17,08g.
µg. - Ph:42,31 Na:10,88 Ka:27,9 Mg:26,09 Ca:27,87 Fe:1,27 Zn:0,62 Col.:0,02 Hsr.:75,99

Zutaten:
Kichererbsen 2 Tassen / 240g. (ja)
Wakame 1 TL zerrieben / 2g. (ja)
Ingwer frisch 1/4 TL / 1g. (ja)
Rosmarin 1 Prise / 0,5g. (ja)
Sesam Paste (Tahini) 1 EL / 10g. (ja)
Olivenöl 2 EL / 20g. (empfehlenswert)
Zitrone Saft 1 Spritzer / 2g. (ja)
Wasser nach Bedarf / g. (ja)
Knoblauch 1 Zehe geschabt / 2g. (empfehlenswert)
Petersilie 1 TL gehackte / 2g. (empfehlenswert)
Paprika 1 Prise / 0,2g. (empfehlenswert)
Koriander 1 Prise / 0,2g. (ja)
Kardamom 1 Prise / 0,2g. (ja)
Chili (Schote oder gemahlen) 1 Prise / 0,2g. (ja)
Pfeffer gemahlen 1 Prise / 0,2g. ()
Salz Kräutersalz 1/2 TL / 2g. (wenig)

Kochanleitung:
Kichererbsen mindestens 6 Std. einweichen, Einweichwasser weggießen und in frischem Wasser ca. 1-1,5 Std. mit Wakame und Ingwer kochen, erkalten lassen und einige Spritzer Zitronensaft und Petersilie zufügen. Kleingeschnittenen oder gepressten Knoblauch zugeben und mit Pfeffer, je nach Geschmack mehr oder weniger Koriander- und Kardamompulver und etwas Chili würzen und mit Tahin und Olivenöl abrunden. Alle Zutaten pürieren, je nach Konsistenz Wasser zugeben, bis eine geschmeidige Paste entsteht. Auf Getreideküchlein, Cracker oder getoastetes Brot streichen oder zu Salat genießen.

3.62 Hüttenkäse mit gedünstetem Obst

Gut bei Appetitlosigkeit, Schluckstörungen, schwacher Verdauung, harntreibend.

Anzahl Portionen: 2
Kalorien p. Portion 215
Gramm p. Portion 250
Kochdauer ca. 20 Min.
Allergene: G
(Kohlehydrat:40,48% / Eiweiß & Fett:59,52%)
100g.≈ Eiweiß 18,45g. Fett:6,4g.
µg. - Ph:44,6 Na:114,5 Ka:50,9 Mg:3,7 Ca:25,6 Fe:0,11 Zn:0,09 Col.:0,64 Hsr.:3

Zutaten:
Hüttenkäse 300 g. / 300g. (ja)
Apfel (sauer) 1 Stück / 100g. (empfehlenswert)
Birne 1 Stück / 100g. (empfehlenswert)

Kochanleitung:
Äpfel und Birnen gut waschen, mit Schale klein schneiden und in einem Topf mit Dämpfsieb bissfest garen. Herausnehmen und auskühlen lassen .Hüttenkäse anrichten und Obst darauf verteilen.

3.63 Indische Dal-Suppe

Stärkt Herz und Nieren, fördert Verdauung, senkt Blutdruck, erweitert Blutgefäße, fördert Durchblutung, harntreibend, bakterizid, stärkt Immunsystem, Muskeln und Magen-Darm-Funktion, beruhigt den Magen.

Anzahl Portionen: 2
Kalorien p. Portion 255
Gramm p. Portion 267,5
Kochdauer ca. 30 Min.
Allergene: EN
(Kohlehydrat:37% / Eiweiß & Fett:63%)
100g.≈ Eiweiß 4,45g. Fett:17,95g.
µg. - Ph:8,31 Na:10,32 Ka:23,68 Mg:2,67 Ca:5,14 Fe:0,22 Zn:0,09 Col.:0,18 Hsr.:17,45

Zutaten:
Linsen (Helmbohnen) 175 g. / 175g. (ja)
Sesamöl 3 EL / 30g. (wenig)
Karotte (Mohrrübe, Möhre) 1 Stück / 100g. (empfehlenswert)
Zwiebel Schalotte 1 Stück / 15g. (ja)
Wasser 2 Tassen / 200g. (ja)
Ingwer frisch 2 Scheiben / 1g. (ja)
Salz 1 Prise / 0,5g. (wenig)
Sojasauce 1 TL / 3g. (ja)

Petersilie 1 TL gehackte / 3g. (empfehlenswert)
Thymian 1 TL / 3g. (ja)
Basilikum 1 EL / 5g. (ja)

Kochanleitung:
Linsen über Nacht einweichen. Öl in einem Topf erhitzen und kleingeschnittene Karotte, Zwiebel und den zerkleinerten Ingwer darin anbraten. Mit Wasser aufgießen, Linsen zugeben und weich kochen. Salz oder Sojasoße zufügen und weitere 10 Min. kochen. Vor dem Servieren Petersilie unterheben und mit Thymian oder Basilikum bestreuen. Variante: Andere Kräuter wie Salbei, Rosmarin oder Liebstöckel ermöglichen eine Vielfalt von Geschmacksnuancen.

3.64 Japanische Algensuppe

Nährt Nieren-Yin, kühlt Hitze, löst Verhärtungen. Senkt Blutdruck, bakterizid, stärkt Immunsystem, beugt Krebs vor, reduziert Strahlenverletzungen, fördert Verdauung, entgiftet und stimuliert das Immunsystem.

Anzahl Portionen: 3
Kalorien p. Portion 47
Gramm p. Portion 261,67
Kochdauer ca. 20 Min.
(Kohlehydrat:70% / Eiweiß & Fett:30%)
100g.≈ Eiweiß 3,01g. Fett:0,64g.
µg. - Ph:3,46 Na:14,26 Ka:12,31 Mg:1,31 Ca:2,98 Fe:0,08 Zn:0,03 Col.:0 Hsr.:1,16

Zutaten:
Wakame 25 g. / 25g. (ja)
Wasser 1/2 Liter / 450g. (ja)
Zwiebel Schalotte 1-2 Stück. / 30g. (ja)
Rettich (weiß, grün, lila-rot) 50 g. / 50g. (empfehlenswert)
Karotte (Mohrrübe, Möhre) 2 Stück / 180g. (empfehlenswert)
Miso 2 EL / 20g. (ja)
Petersilie 2 EL / 20g. (empfehlenswert)
Zwiebel Frühlingszwiebel 1 EL geschnitten / 10g. (ja)

Kochanleitung:
Wakame einige Minuten in Wasser einweichen, herausnehmen und das Wasser zum Kochen bringen. Fein geschnittene Zwiebeln und in feine Streifen geschnittene Wakame, Rettich und Karotten zugeben und weitere 10 Min. köcheln. Miso in etwas abgekühltem Kochwasser lösen und am Ende dazugeben. Mit Petersilie und Frühlingszwiebeln bestreuen.

3.65 Kabeljausuppe mit Tomaten

Stärkt Milz und Nieren, regt Leberfunktion an, entgiftet, harntreibend, fördert Durchblutung, regt Appetit an, hilft Fett zu verdauen, senkt Blutdruck.

Anzahl Portionen: 4
Kalorien p. Portion   176
Gramm p. Portion   226,25
Kochdauer ca.   30 min.
Allergene: DLO
(Kohlehydrat:42% / Eiweiß & Fett:58%)
100g.≈ Eiweiß 15,57g. Fett:3,57g.
µg. - Ph:3,89 Na:2,39 Ka:8,27 Mg:0,82 Ca:0,8 Fe:0,02 Zn:0,02 Col.:1,04 Hsr.:2,65

Zutaten:
Grundrezept für eine Fischbrühe 1/2 Liter / 450g. (empfehlenswert)
Kabeljau 250 g. / 250g. (empfehlenswert)
Zwiebel Schalotte 1 Stück / 20g. (ja)
Anis (gemeiner Fenchel) 1/2 TL / 1g. (ja)
Ingwer frisch 1/2 TL / 1g. (ja)
Olivenöl 1 TL / 3g. (empfehlenswert)
Tomate 1 Stück / 50g. (empfehlenswert)
Weißwein 1/8 Liter / 125g. (wenig)
Salz 1 Prise / 0,5g. (wenig)
Pfeffer gemahlen 1 Prise / 0,2g. ()
Petersilie 1 EL gehackte / 5g. (empfehlenswert)

Kochanleitung:
Schalotte, Anis und frisch geriebenen Ingwer in Öl anbraten, Tomaten zugeben und mitdünsten. Mit etwas Wein und Fischsuppe aufgießen und alles 10-15 Min. leise köcheln lassen. Mit Salz und Pfeffer abschmecken, die Kabeljaustücke zugeben und leicht erhitzen. Am Ende mit Petersilie garnieren.

3.66 Karottendrink

Stärkt Milz und Leber, senkt Blutdruck, bakterizid, stärkt Immunsystem, beugt Krebs vor, reduziert Strahlenverletzungen, harntreibend, aufbauend, augenstärkend, entgiftend, gewebe- und nervenstärkend.

Anzahl Portionen: 1
Kalorien p. Portion   143
Gramm p. Portion   265
Kochdauer ca.   15 Min.
Allergene: H
(Kohlehydrat:81% / Eiweiß & Fett:19%)
100g.≈ Eiweiß 3,78g. Fett:2,5g.
µg. - Ph:43,4 Na:22,3 Ka:117,79 Mg:18,2 Ca:36,26 Fe:1,83 Zn:0,55 Col.:0 Hsr.:17,98

Zutaten:
Hirseflocken 1 EL / 10g. (empfehlenswert)
Karotte (Mohrrübe, Möhre) 400 g. / 200g. (empfehlenswert)
Mandelmus 1 TL / 3g. (ja)
Honig 1/2 TL / 2g. (ja)
Wasser 50 ml. / 50g. (ja)

Kochanleitung:
Hirseflocken mit 50 ml kaltem Wasser übergießen und 10 Min. quellen
lassen. Die frischen Karotten entsaften oder 200 ml Karottensaft
verwenden. Hirseflocken, Karottensaft, Mandelmus und Honig mit dem
Mixer fein pürieren.

3.67 Karotten-Risotto

Stärkt Immunsystem, beugt Krebs vor, löst Stagnation, regt
Leberfunktion an. Gut bei Appetitlosigkeit, Blähungen, Bluthochdruck,
Depressionen, Diabetes, Durchfall.
Anzahl Portionen: 2
Kalorien p. Portion   308
Gramm p. Portion   340,8
Kochdauer ca.   45 Min.
Allergene: GL
(Kohlehydrat:83,67% / Eiweiß & Fett:16,33%)
100g.≈ Eiweiß 8,5g. Fett:5,99g.
µg. - Ph:27,11 Na:19,13 Ka:58,22 Mg:32,31 Ca:116,16 Fe:0,67 Zn:0,11 Col.:0,3
Hsr.:14,66

Zutaten:
Olivenöl 1/2 EL / 5g. (empfehlenswert)
Zwiebel Frühlingszwiebel 2 EL / 7g. (ja)
Muskatnuss 1 Prise / 0,3g. (ja)
Petersilie 1/2 Bund / 25g. (empfehlenswert)
Reis Sorte beliebig 100 g. / 100g. (ja)
Karotte (Mohrrübe, Möhre) 250 g. / 250g. (empfehlenswert)
Grundrezept für eine Gemüsebrühe 300 ml. / 280g. (empfehlenswert)
Fenchelsamen gemahlen 1/4 TL / 1g. (ja)
Basilikum (frisch) 1/2 TL / 2g. (ja)
Salz 1 Prise / 1g. (wenig)
Pfeffer gemahlen 1 Prise / 0,3g. ()
Parmesan 1 EL / 10g. (ja)

Kochanleitung:

In einer flachen Pfanne das Öl erhitzen, die Zwiebeln darin glasig und sehr weich dünsten. Petersilie zugeben und kurz andünsten. Reis, Karotten und Muskat zufügen und unter Rühren kurz andünsten. Mit der Gemüsebrühe aufgießen, mit Fenchel und Basilikum würzen, alles zum Kochen bringen und ca. 20 Min. kochen, bis Reis und Karotten gut durch sind. Dabei ab und zu umrühren und bei Bedarf etwas Gemüsebrühe nachgießen. Das Risotto soll leicht suppig sein. Kurz vor Ende der Garzeit den Weißwein untermischen und das Risotto noch kurz aufköcheln lassen, dann vom Herd nehmen und Parmesan untermischen.

3.68 Kartoffel-Basilikumsuppe

Lindert Entzündungen, fördert Verdauung, harntreibend, senkt Cholesterinspiegel und Blutdruck, bakterizid, stärkt Immunsystem, beugt Krebs vor, reduziert Strahlenverletzungen, antioxidativ, löst Stagnation.

Anzahl Portionen: 4
Kalorien p. Portion 96
Gramm p. Portion   330,12
Kochdauer ca.   25 min.
Allergene: L
(Kohlehydrat:68,68% / Eiweiß & Fett:31,32%)
100g.≈ Eiweiß 3,24g. Fett:2,99g.
µg. - Ph:7,65 Na:13,39 Ka:52,12 Mg:2,43 Ca:11,65 Fe:0,11 Zn:0,01 Col.:0 Hsr.:7,59

Zutaten:

Wasser 500 ml / 450g. (ja)
Kartoffel 4 Stück / 200g. (ja)
Karotte (Mohrrübe, Möhre) 2 Stück / 100g. (empfehlenswert)
Sellerie Knolle 1 Stück / 500g. (ja)
Pfeffer gemahlen 1 Prise / 0,5g. ()
Kümmel 1 Prise / 1g. (ja)
Knoblauch 1 Zehe / 3g. (empfehlenswert)
Salz 1 Prise / 1g. (wenig)
Zitrone 1 TL / 3g. (ja)
Basilikum (frisch) 1 Bund / 50g. (ja)
Paprika (Rosenpaprikapulver) 1 Prise / 1g. (ja)
Zucker Ursüße (Zuckerrohr) süß 1 Prise / 1g. (wenig)
Olivenöl 1 EL / 10g. (empfehlenswert)

Kochanleitung:

4 mittelgroße Kartoffeln, 2 mittelgroße Karotten und 1 Stück Knollensellerie geschält und kleingeschnitten in heißes Wasser geben

und zusammen mit einer Prise Pfeffer und Salz, einer Prise gemahlenem Kümmel, einer kleinen zerdrückten Knoblauchzehe und 1 TL Zitronensaft köcheln, bis das Gemüse weich ist. Von 1 Bund Basilikum (fein gehackt) eine Hälfte in die Suppe geben und alles pürieren. Die andere Hälfte anschließend unterrühren und mit Rosenpaprika, einer Prise Vollrohrzucker, 1 EL Olivenöl oder Butter, frisch gemahlenem Pfeffer und Salz abschmecken.

3.69 Kartoffelcreme mit Kräuter-Frischkäse

Gut bei Appetitlosigkeit, Schluckstörungen, Verstopfung, Blähungen und Übelkeit. Verbessert Verdauung, harntreibend, beugt Krebs vor, stärkt Magensaftproduktion, löst Stagnation, entkrampft und beruhigt.
Anzahl Portionen: 2
Kalorien p. Portion 217
Gramm p. Portion 218,5
Kochdauer ca. 25 Min.
Allergene: G
(Kohlehydrat:14% / Eiweiß & Fett:86%)
100g.≈ Eiweiß 8,76g. Fett:11,22g.
µg. - Ph:18,66 Na:18,04 Ka:73,64 Mg:4,87 Ca:13,9 Fe:0,13 Zn:0,09 Col.:4,84 Hsr.:2,24

Zutaten:
Kartoffel (mehlige) 250 g. / 250g. (ja)
Frischkäse 80 g. / 80g. (ja)
Joghurt (natur, 1,5 % Fett) 3 EL / 45g. (ja)
Lauchzwiebel Schnittlauch 1/2 Bund / 50g. (empfehlenswert)
Basilikum (frisch) 1 TL / 4g. (ja)
Petersilie 1 TL / 4g. (empfehlenswert)
Dill 1/2 TL / 2g. (ja)
Salz 1 Prise / 1g. (wenig)
Schwarzkümmel 1 Prise / 0,5g. (ja)
Pfeffer gemahlen 1 Prise / 0,5g. ()

Kochanleitung:
Kartoffeln in der Schale weich kochen, abziehen und durch die Kartoffelpresse drücken. Frischkäse, Joghurt und Kräuter unter die Kartoffeln mischen und mit Salz, zerstoßenem Schwarzkümmel und Pfeffer abschmecken.

3.70 Kartoffel-Gnocchi mit Gemüse und Basilikumsoße

Stärkt Immunsystem, fördert Gewichtsabnahme, entkrampft, beruhigt.
Gut bei Abwehrschwäche, Appetitlosigkeit, Blähungen, Bluthochdruck.

Anzahl Portionen: 4
Kalorien p. Portion   166
Gramm p. Portion   290,25
Kochdauer ca.   1 Stunde
Allergene: ACGL
(Kohlehydrat:75% / Eiweiß & Fett:25%)
100g.≈ Eiweiß 6,54g. Fett:4,63g.
µg. - Ph:3,26 Na:1,11 Ka:13,57 Mg:2,45 Ca:9,39 Fe:0,06 Zn:0,02 Col.:1,36 Hsr.:1,49

Zutaten:
Kartoffel 250 g. / 250g. (ja)
Weizen Mehl 25 g. / 25g. (ja)
Weizen Gries 15 g. / 15g. (ja)
Huhn Eigelb 1 Stück / 20g. (wenig)
Muskatnuss 1 Prise / 0,2g. (ja)
Grundrezept für eine Gemüsebrühe 250 ml. / 250g. (empfehlenswert)
Sellerie Knolle 50 g. / 50g. (ja)
Zitrone Schale 1/2 TL / 2g. (ja)
Ingwer frisch 1/2 TL / 2g. (ja)
Muskatnuss 1 Prise / 0,2g. (ja)
Basilikum (frisch) 1 Bund / 125g. (ja)
Creme fraiche 1 EL / 20g. (ja)
Salz 1 Prise / 1g. (wenig)
Pfeffer gemahlen 1 Prise / 0,2g. ()
Karotte (Mohrrübe, Möhre) 100 g. / 100g. (empfehlenswert)
Zucchini 100 g. / 100g. (ja)
Blumenkohl (Karfiol) 100 g. / 100g. (ja)
Brokkoli 100 g. / 100g. (empfehlenswert)
Salz 1 Prise / 1g. (wenig)

Kochanleitung:
Kartoffeln in der Schale weich dämpfen, abziehen und heiß durch die
Kartoffelpresse drücken. Die heißen Kartoffeln mit Mehl, Grieß, Ei,
Muskat und Salz zu einem glatten Teig verarbeiten. Teig 3o Min. ruhen
lassen. Aus dem Teig mit mehlbestäubten Händen kleine Röllchen (2
cm) formen und davon 1 cm dünne Scheibchen abschneiden. Damit die
typische Gnocchiform entsteht, die Teigscheibchen mit dem Daumen
etwas eindellen. Gnocchi in leicht kochendem Salzwasser 6-8 Min.
ziehen lassen und mit dem Schaumlöffel aus dem Topf heben.
Gemüsebrühe zum Kochen bringen. Würfelig geschnittenen Sellerie,
geriebene Zitronenschale, feingehackten Ingwer und eine gute Prise

Muskat zufügen. Zugedeckt ca. 10 Min. köcheln lassen und alles zusammen mit gehacktem Basilikum und der Crème fraîche mit dem Mixstab zu einer glatten Soße pürieren. Mit Salz und Muskat abschmecken. Karotten, Zucchini, Blumenkohl und Brokkoli kleinschneiden und zugedeckt in einem Siebeinsatz über Wasserdampf in 8 Min. bissfest garen. Soße nochmals erhitzen, zum Gemüse geben und über den Gnocchi anrichten.

3.71 Kohlrabi in Kerbelsoße mit Kartoffeln

Lindert Entzündungen, senkt Cholesterinspiegel, harntreibend, leitet Darmwinde ab, stärkt Immunsystem, beugt Krebs vor, fördert Gewichtsabnahme. Gut bei Appetitlosigkeit, Blähungen, Bluthochdruck, Depressionen, Diabetes, Durchfall.

Anzahl Portionen: 4
Kalorien p. Portion   188
Gramm p. Portion   316,85
Kochdauer ca.   1 Stunde
Allergene: GL
(Kohlehydrat:79,34% / Eiweiß & Fett:20,66%)
100g.≈ Eiweiß 8,67g. Fett:2,51g.
µg. - Ph:11,79 Na:4,12 Ka:100,2 Mg:13,9 Ca:60,61 Fe:0,16 Zn:0,02 Col.:0,06 Hsr.:3,63

Zutaten:
Kartoffel 6 Stück / 450g. (ja)
Grundrezept für eine Gemüsebrühe 300 ml. / 300g. (empfehlenswert)
Kartoffel 100 g. / 100g. (ja)
Muskatnuss 1 Prise / 0,2g. (ja)
Zitrone Schale 1/2 TL / 2g. (ja)
Ingwer frisch 1/2 TL / 2g. (ja)
Liebstöckel 1/2 TL / 2g. (ja)
Kohlrabi 300 g. / 300g. (empfehlenswert)
Salz 1 Prise / 1g. (wenig)
Pfeffer gemahlen 1 Prise / 0,2g. ()
Sauerrahm 15% Fett 3 EL / 30g. (ja)
Kerbel getrocknet 1 Bund / 80g. (ja)

Kochanleitung:
Die 6 Kartoffeln in Salzwasser weich kochen. Die Hälfte der Gemüsebrühe zum Kochen bringen. 100G gewürfelte Kartoffeln, Muskat, Zitronenschale, Ingwer und Liebstöckel dazugeben. Kartoffeln zugedeckt ca. 10 Min. weich kochen und alles mit dem Mixstab zu einer glatten Soße pürieren. Restliche Gemüsebrühe zum Kochen bringen. Kohlrabi in Würfel schneiden, zufügen und zugedeckt ca. 8 Min. kochen. Die Kartoffelsoße unterrühren und alles kurz erhitzen. Mit dem

Mixstab Kerbel und Sauerrahm fein pürieren. Die Kerbelcreme mit dem Kohlrabigemüse vermischen und mit den gekochten und geschälten Kartoffeln anrichten.

3.72 Kompott aus Heidelbeeren

Abführend, baut Blut auf, antibakterielle Wirkung, erwärmt Magen und Milz, fördert Durchblutung.

Anzahl Portionen: 1
Kalorien p. Portion 49
Gramm p. Portion 224
Kochdauer ca. 10 Min.
(Kohlehydrat:88% / Eiweiß & Fett:12%)
100g.≈ Eiweiß 0,7g. Fett:0,6g.
µg. - Ph:5,83 Na:0,99 Ka:32,83 Mg:1,45 Ca:9,02 Fe:0,32 Zn:0,1 Col.:0 Hsr.:8,93

Zutaten:
Heidelbeere 100 g. / 100g. (empfehlenswert)
Wasser 1 Tasse / 120g. (ja)
Zimtpulver 1 Prise / 0,1g. (ja)
Zitrone Schale 1 Prise / 1g. (ja)
Zucker Ursüße (Zuckerrohr) süß 1 TL / 3g. (wenig)

Kochanleitung:
Heidelbeeren weich kochen und mit Zucker, Zimt und geriebener Zitronenschale (bio) bestreuen.

3.73 Kürbiscurry

Fördert Verdauung und Schwitzen, löst Stagnation, reduziert Wind, stärkt Lunge und Milz, reduziert Blutzucker, stärkt Magen, Verdauungssystem, Muskeln und Knochen, ist harntreibend und entgiftend.

Anzahl Portionen: 3
Kalorien p. Portion 193
Gramm p. Portion 251
Kochdauer ca. 20 Min.
(Kohlehydrat:63% / Eiweiß & Fett:37%)
100g.≈ Eiweiß 2,72g. Fett:10,61g.
µg. - Ph:5,14 Na:0,86 Ka:16,34 Mg:2,68 Ca:2,29 Fe:0,06 Zn:0,02 Col.:0 Hsr.:1,54

Zutaten:
Kürbis 300 g. / 300g. (ja)
Olivenöl 2 EL / 30g. (empfehlenswert)
Koriander 1 Prise / 1g. (ja)
Pfeffer gemahlen 1 Prise / 0,5g. ()
Curry 1 Prise / 1g. (ja)
Wasser 50 ml / 50g. (ja)
Salz 1 Prise / 1g. (wenig)
Petersilie 1 EL / 7g. (empfehlenswert)
Kardamom 1 Prise / 1g. (ja)
Kurkuma (Gelbwurz) 1 Prise / 1g. (empfehlenswert)
Reis Vollkorn 1/2 Tasse / 60g. (empfehlenswert)
Wasser 3 Tassen / 300g. (ja)
Salz 1 Prise / 1g. (wenig)

Kochanleitung:
Olivenöl in einer Pfanne erhitzen, in Würfel geschnittenen Kürbis darin andünsten, mit Koriander, Pfeffer und Curry würzen und mit wenig Wasser ablöschen. Meersalz zufügen, klein geschnittene Petersilie zugeben und mit Kardamom und Kurkuma abrunden. Auf kleinem Feuer ca. 10 Min. je nach Kürbisart köcheln; er sollte noch bissfest sein. Den Reis in gesalzenem Wasser aufkochen und auf kleiner Stufe ca. 15 Min. quellen lassen.

3.74 Kürbissuppe

Fördert Verdauung, stärkt Magen und Milz, senkt Blutdruck, bakterizid, stärkt Immunsystem, beugt Krebs vor, reduziert Strahlenverletzungen, regeneriert Haut, senkt Cholesterinspiegel, senkt Blutzucker, schützt Leber.

Anzahl Portionen: 3
Kalorien p. Portion 104
Gramm p. Portion 236,33
Kochdauer ca.   1 Stunde
(Kohlehydrat:71% / Eiweiß & Fett:29%)
100g.≈ Eiweiß 2,54g. Fett:3,64g.
µg. - Ph:4,02 Na:0,96 Ka:24,72 Mg:1,82 Ca:2,89 Fe:0,08 Zn:0,02 Col.:0 Hsr.:1,08

Zutaten:
Kürbis 300 g. / 300g. (ja)
Karotte (Mohrrübe, Möhre) 2 Stück / 100g. (empfehlenswert)
Kartoffel 2 Stück / 120g. (ja)
Olivenöl 1 EL / 10g. (empfehlenswert)

Zwiebel weiss 1 Stück / 50g. (ja)
Wasser 1 Tasse / 120g. (ja)
Petersilie 1 EL / 7g. (empfehlenswert)
Anis (gemeiner Fenchel) 1 Prise / 1g. (ja)
Salz 1 Prise / 1g. (wenig)

Kochanleitung:
Olivenöl in einer Pfanne erhitzen. In Würfel geschnittenen Kürbis, gewürfelte Karotten und Kartoffeln dazugeben und kurz anbraten. Klein geschnittene Zwiebel zugeben, mit Wasser auffüllen (Gemüse mindestens drei fingerbreit bedecken), aufkochen und leise köcheln lassen. Mit Meersalz und einer Prise Anis würzen, klein geschnittene Petersilie dazugeben. Alles zusammen ca. 35 Min. köcheln lassen. Anschließend die Suppe pürieren und evtl. Wasser zugeben, je nach Konsistenz.

3.75 Kuzuwasser

Enthält viele Vitamine und Mineralstoffe. Zur Stärkung der Darmflora, besonders nach Antibiotikaeinnahme. Beruhigt die Magenschleimhaut und schützt den Magen.

Anzahl Portionen: 1
Kalorien p. Portion 7
Gramm p. Portion   122
Kochdauer ca.   5 Min.
Allergene:
(Kohlehydrat:99,17% / Eiweiß & Fett:0,83%)
100g.≈ Eiweiß 0g. Fett:0,01g.
µg. - Ph:0 Na:0,98 Ka:0 Mg:0,98 Ca:4,92 Fe:0,01 Zn:0,1 Col.:0 Hsr.:0

Zutaten:
Kuzu 1/2 TL / 2g. (ja)
Wasser 1 Tasse / 120g. (ja)

Kochanleitung:
Kuzu zerstoßen, mit lauwarmem Wasser aufgießen und kurz ziehen lassen, bis eine milchige Flüssigkeit entsteht. Dann abseihen.

3.76 Lasagne mit Tofucreme

Harmonisiert Milz und Magen, schont die Verdauungsorgane, wirkt bei Appetitlosigkeit, Sodbrennen, Zwölffingerdarmgeschwür.

Anzahl Portionen: 4
Kalorien p. Portion 301
Gramm p. Portion 231
Kochdauer ca. 45 Min.
Allergene: ACEG
(Kohlehydrat:49,88% / Eiweiß & Fett:50,12%)
100g.≈ Eiweiß 19,3g. Fett:11,86g.
µg. - Ph:35,07 Na:14,02 Ka:27,57 Mg:16,2 Ca:29,05 Fe:0,36 Zn:0,05 Col.:3,83 Hsr.:15,29

Zutaten:
Soja Tofu 400 g. / 400g. (empfehlenswert)
Huhn Ei 2 Stück / 100g. (wenig)
Zwiebel weiss 2 Stück / 120g. (ja)
Tomate 100 g. / 100g. (empfehlenswert)
Oregano getrocknet 1 Prise / 1g. (ja)
Majoran 1 Prise / 1g. (ja)
Paprika (Rosenpaprikapulver) 1 Prise / 1g. (ja)
Salz 1 Prise / 1g. (wenig)
Nudeln (Weizen, Lasagneblätter) mit Ei 150 g. / 150g. (ja)
Edamer 50 g. / 50g. (ja)

Kochanleitung:
Tofucreme: Tofu mit Eiern, Zwiebeln, kleinen Tomaten, Oregano, Majoran, Paprika und etwas Jodsalz mit einer Küchenmaschine mit Messereinsatz oder einem Pürierstab zu einer glatten Masse verarbeiten. Lasagne: In eine Auflaufform (ca. 25 x 15 cm) 1/5 der Tofucreme geben, mit 3 Lasagneblätter abdecken, diesen Vorgang noch 2 x wiederholen und abschließend das letzte Fünftel der Tofucreme über die Teigplatten streichen. Mit etwas geriebenem Edamer bestreuen und im Backofen bei 175 Grad ca. 30 Min. backen.

3.77 Lauch-Kartoffel-Gratin

Lindert Entzündungen, verbessert Verdauung, regeneriert Haut, harntreibend, senkt Cholesterinspiegel, löst Stagnation.

Anzahl Portionen: 4
Kalorien p. Portion 369
Gramm p. Portion 346,62
Kochdauer ca. 1 Stunde
Allergene: CGL
(Kohlehydrat:56,02% / Eiweiß & Fett:43,98%)
100g.≈ Eiweiß 7,74g. Fett:16,47g.
µg. - Ph:13,71 Na:22,43 Ka:58,34 Mg:4,33 Ca:15,37 Fe:0,17 Zn:0,03 Col.:1,24 Hsr.:5,68

Zutaten:
Kartoffel 500 g. / 500g. (ja)
Lauch (Porree) 500 g. / 500g. (empfehlenswert)
Apfel (sauer) 1 Stück / 200g. (empfehlenswert)
Creme fraiche 125 g. / 125g. (ja)
Grundrezept für eine Gemüsebrühe 50 ml / 20g. (empfehlenswert)
Huhn Eigelb 1 Stück / 20g. (wenig)
Emmentaler 2 EL / 20g. (ja)
Salz 1 Prise / 1g. (wenig)
Pfeffer gemahlen 1 Prise / 0,5g. ()

Kochanleitung:
Kartoffeln waschen, schälen, in sehr dünne Scheiben schneiden und trockentupfen. Die Hälfte in eine flache, gefettete Auflaufform geben. Lauch putzen, waschen und in feine Ringe schneiden. Apfel waschen, schälen und in dünne Scheiben schneiden. Lauch und Apfel auf die Kartoffeln verteilen und die restlichen Kartoffelscheiben darüberlegen. Crème fraîche, Eigelb, geriebenen Emmentaler, Salz und Pfeffer verrühren, evtl. noch etwas Gemüsebrühe dazugeben und über den Auflauf gießen. Bei 200 Grad im Backofen ca. 45 bis 50 Min. goldgelb backen. Nach 30 Min. mit Pergamentpapier abdecken, um ein Austrocknen des Gratins zu verhindern.

3.78 Linsen-Reis-Eintopf

Ist sehr nahrhaft, stärkt Herz, Milz und Nieren, senkt Blutdruck, bakterizid, harntreibend, beruhigt den Magen, fördert Verdauung, stärkt Immunsystem. Gut bei Durchblutungsstörungen, Thrombose, Emboliegefahr, Bluthochdruck, Kopfschmerzen.

Anzahl Portionen: 3
Kalorien p. Portion 232
Gramm p. Portion 306,67
Kochdauer ca. 25 Min.
Allergene: LNO
(Kohlehydrat:79% / Eiweiß & Fett:21%)
100g.≈ Eiweiß 5,19g. Fett:5,04g.
µg. - Ph:3,63 Na:1,18 Ka:8,86 Mg:1,61 Ca:2,12 Fe:0,07 Zn:0,03 Col.:0,02 Hsr.:4,92

Zutaten:
Linsen (Helmbohnen) 100 g. / 100g. (ja)
Wasser 5 Tassen / 500g. (ja)
Reis Sorte beliebig 1 Tasse / 120g. (ja)
Sesamöl 1 EL / 10g. (wenig)
Karotte (Mohrrübe, Möhre) 2 Stück / 150g. (empfehlenswert)

Sellerie Stangensellerie 2 Stangen / 20g. (ja)
Cumin (Kreuzkümmel) 1 Prise / 0,2g. (ja)
Salz 1 Prise / 0,5g. (wenig)
Essig (Apfelessig) 1 Schuss / 2g. (ja)
Petersilie 2 EL / 18g. (empfehlenswert)

Kochanleitung:
Linsen am Vortag einweichen. Sesamöl in einem Topf erhitzen. Karotte
und Stangensellerie klein schneiden und darin anbraten. Reis, eine
Prise Cumin und Linsen dazugeben und aufkochen. Wenn die Linsen
weich sind, Salz zugeben, mit etwas Essig abschmecken und mit
Petersilie garnieren. Variante: Im Sommer kann man das Cumin
weglassen und frische grüne Erbsen oder Chinakohl verwenden.

3.79 Misosuppe mit Tofu

Liefert Vitamine, Mineralien, Enzyme und sekundäre Pflanzenwirkstoffe.
Alginsäure entgiftet den Darm, löst Stagnation. Belebt, entgiftet, stärkt
das Immunsystem, fördert Verdauung, stärkt Magen, lindert Blähungen.
Anzahl Portionen: 3
Kalorien p. Portion 51
Gramm p. Portion 231,33
Kochdauer ca. 5 min.
Allergene: E
(Kohlehydrat:43,33% / Eiweiß & Fett:56,67%)
100g.≈ Eiweiß 4,44g. Fett:1,66g.
µg. - Ph:11,31 Na:58,1 Ka:19,06 Mg:5,88 Ca:7,16 Fe:0,06 Zn:0,01 Col.:0 Hsr.:3,33

Zutaten:
Wakame 1 Stück / 5g. (ja)
Miso 3-4 EL / 30g. (ja)
Soja Tofu 50 g. / 50g. (empfehlenswert)
Wasser 1/2 Liter / 500g. (ja)
Sojasauce 1 Schuss / 3g. (ja)
Zwiebel Frühlingszwiebel 1/2 EL / 6g. (ja)

Kochanleitung:
Wasser, Sojakeimlinge, Wakamealge und in Würfel geschnittenen Tofu
5 Min. aufwärmen. Misopaste in Suppenteller geben und langsam mit
heißer Suppe übergießen. Mit Tamari abschmecken. Eventuell
Frühlingszwiebeln dazugeben.

3.80 Müsli mit Acaipulver

Ballaststoffreich, lindert Verstopfung, stärkt Abwehrkraft, reguliert Verdauung, stärkt Magen, fördert Gewichtsabnahme. Hilft bei Abwehrschwäche und Appetitlosigkeit.

Anzahl Portionen: 1
Kalorien p. Portion 391
Gramm p. Portion 313
Kochdauer ca. 2 Stunden
Allergene: AGH
(Kohlehydrat:70% / Eiweiß & Fett:30%)
100g.≈ Eiweiß 9,58g. Fett:13,28g.
µg. - Ph:87,36 Na:21,82 Ka:192,13 Mg:28,22 Ca:51,14 Fe:0,78 Zn:0,5 Col.:3,58 Hsr.:26,34

Zutaten:
Müsli 2 EL / 20g. (ja)
Hafer Flocken (Vollkorn) 2 EL / 20g. (ja)
Joghurt (natur, 3,5 % Fett) 6 EL / 80g. (ja)
Zitrone 1 EL / 10g. (ja)
Acerola Fruchtnektar oder Pulver 1/2 TL / 1g. (empfehlenswert)
Acaipulver 1 TL / 2g. (empfehlenswert)
Apfel (sauer) 1 Stück / 170g. (empfehlenswert)
Haselnüsse 1 EL / 10g. (empfehlenswert)

Kochanleitung:
Haferflocken im Joghurt einige Stunden im Kühlschrank einweichen. Nüsse reiben, Zitronensaft, Acerola- und Acaipulver und geriebenen Apfel hinzugeben. Zum Süßen können Rosinen verwendet werden.

3.81 Palatschinken mit Spinat und Parmesan

Fördert Ausscheidung und Durchblutung, stärkt Magen, Darm und Immunsystem. Gut bei Appetitlosigkeit, Blähungen, Bluthochdruck, Depressionen, Diabetes, Verstopfung, Darmentzündung.

Anzahl Portionen: 6
Kalorien p. Portion 329
Gramm p. Portion 303
Kochdauer ca. 25 Min.
Allergene: ACGL
(Kohlehydrat:46% / Eiweiß & Fett:54%)
100g.≈ Eiweiß 17,5g. Fett:18,52g.
µg. - Ph:3,27 Na:3,24 Ka:6,47 Mg:0,96 Ca:4,52 Fe:0,05 Zn:0,02 Col.:1,32 Hsr.:1,02

Zutaten:
Vollkornmehl 100 g. / 100g. (empfehlenswert)
Weizen Mehl 100 g. / 100g. (ja)
Huhn Ei 4 Stück / 200g. (wenig)
Kuhmilch (Vollmilch 3,5 % Fett) 400 ml. / 400g. (ja)
Salz 1 Prise / 1g. (wenig)
Sonnenblumenöl 1 EL / 15g. (wenig)
Olivenöl 1 EL / 15g. (empfehlenswert)
Zwiebel weiss 1 Stück / 50g. (ja)
Petersilie 1/2 Bund / 80g. (empfehlenswert)
Grundrezept für eine Gemüsebrühe 150 ml. / 150g. (empfehlenswert)
Basilikum (frisch) 1/4 TL / 1g. (ja)
Muskatnuss 1 Prise / 0,3g. (ja)
Creme fraiche 3 EL / 45g. (ja)
Spinat 600 g. / 600g. (empfehlenswert)
Salz 1 Prise / 1g. (wenig)
Pfeffer gemahlen 1 Prise / 0,1g. ()
Parmesan 60 g. / 60g. (ja)

Kochanleitung:
Mehl, Eier, Milch und eine Prise Salz mit dem Schneebesen glatt rühren. Aus dem Teig Palatschinken auf beiden Seiten knusprig braun braten. Öl in einem kleinen Topf erhitzen und kleingeschnittene Zwiebel darin gut weich dünsten. Kleingehackte Petersilie unterrühren und kurz mitdünsten. Mit der Gemüsebrühe (nach Grundrezept) aufgießen, mit Basilikum und Muskat würzen und zugedeckt 15 Min. köcheln lassen. Crème fraîche zugeben und alles fein pürieren. Den gewaschenen tropfnassen Spinat mit etwas Salz in einem geschlossenen Topf bei mäßiger Hitze 3 Min. kochen, in einem Sieb abtropfen lassen und in kleine Stücke schneiden. Spinat in die Soße einrühren und kurz erhitzen. Parmesan untermischen. Die Palatschinken mit dem Rahmspinat füllen.

3.82 Paprika-Tomatenreis

Cholesterin-, eiweiß- und fettarm, stärkt Magen, löst Stagnation, fördert Gewichtsabnahme. Gut bei Abwehrschwäche, Appetitlosigkeit.
Anzahl Portionen: 3
Kalorien p. Portion 291
Gramm p. Portion   324
Kochdauer ca.   25 Min.
Allergene: L
(Kohlehydrat:89% / Eiweiß & Fett:11%)
100g.≈ Eiweiß 7,63g. Fett:2,54g.
µg. - Ph:10,3 Na:1,31 Ka:15,5 Mg:9,5 Ca:22,5 Fe:0,14 Zn:0,06 Col.:0 Hsr.:4,12

Zutaten:
Zwiebel weiss 1 Stück / 50g. (ja)
Paprika 4 stück / 120g. (empfehlenswert)
Lorbeerblatt 2 Stück / 1g. (ja)
Nelke 2 Stück / 1g. (ja)
Grundrezept für eine Gemüsebrühe 400 g. / 400g. (empfehlenswert)
Reis Vollkorn 200 g / 200g. (empfehlenswert)
Champignon 60 g. / 60g. (ja)
Petersilie 20 g. / 20g. (empfehlenswert)
Pfeffer gemahlen 1 Prise / 0,2g. ()
Paprika (Rosenpaprikapulver) 1 Prise / 0,2g. (ja)
Tomate 120 g. / 120g. (empfehlenswert)

Kochanleitung:
Die Zwiebel fein würfeln und die Paprika in feine Streifen schneiden.
Margarine in einem Topf erhitzen, Zwiebel und Paprika sowie Reis
darin andünsten und mit der Gemüsebrühe aufgießen. Nelken und
Lorbeerblätter dazugeben und im geschlossenen Topf ca. 20 Min.
ausquellen lassen. Das Tomatenfleisch in 1 cm große Würfel schneiden
und 5 Min. vor Garzeitende zum Reis geben.

3.83 Pikante Avocadocreme mit Hüttenkäse

Hilft bei Entzündungen, Schwellungen, Schmerzen und Juckreiz. Stärkt
Magen und Verdauungssystem, entgiftet, bakterizid.
Anzahl Portionen: 4
Kalorien p. Portion 613
Gramm p. Portion 271,25
Kochdauer ca. 15 Min.
Allergene: G
(Kohlehydrat:39% / Eiweiß & Fett:61%)
100g.≈ Eiweiß 11,04g. Fett:40,92g.
µg. - Ph:7,44 Na:14,84 Ka:19,28 Mg:1,27 Ca:2,23 Fe:0,03 Zn:0,03 Col.:0,06 Hsr.:1,09

Zutaten:
Avocado 2 Stück / 600g. (empfehlenswert)
Pfeffer gemahlen 1 Prise / 0,5g. ()
Salz 1 Prise / 1g. (wenig)
Zitrone Saft 1/2 Stück / 15g. (ja)
Paprika (Rosenpaprikapulver) 1 Prise / 1g. (ja)
Olivenöl 1 EL / 10g. (empfehlenswert)
Chili (Schote oder gemahlen) 1 Prise / 0,5g. (ja)
Kräuter verschiedene 1 EL / 7g. (ja)
Hüttenkäse 1 Becher / 250g. (ja)
Brot mit Johannisbrotkernmehl 8 Scheiben / 200g. (empfehlenswert)

Kochanleitung:
Avocadofleisch pürieren und mit reichlich gemahlenem Pfeffer, Zitronensaft, Rosenpaprika, einigen Tropfen Öl, Chili, frischen gehackten Kräutern und einer Prise Salz würzen. Hüttenkäse (etwa gleiche Menge wie Avocadocreme) vorsichtig untermengen. Passt zu: Kartoffeln und Hirse, mit denen die Avocadocreme in Kombination mit Gemüsegerichten, Hülsenfrüchten oder Blattsalaten eine delikate Mahlzeit ergibt. Eignet sich auch sehr gut als Vorspeise oder als Mitbringsel auf Partys und als Morgenmahlzeit im Sommer, zusammen mit einem milden Gericht aus Linsen oder Adzukibohnen und geraspeltem Rettich.

3.84 Pikante Tofu-Gemüse-Pfanne

Stärkt Magen, lindert Verstopfung, entgiftet, lindert Entzündungen, verbessert Durchblutung, fördert Schwitzen, löst Stagnation, lindert Blähungen, senkt Blutdruck, bakterizid, stärkt Immunsystem, beugt Krebs vor, reduziert Strahlenverletzungen.

Anzahl Portionen: 4
Kalorien p. Portion 241
Gramm p. Portion 329,38
Kochdauer ca. 25 Min.
Allergene: EN
(Kohlehydrat:67,31% / Eiweiß & Fett:32,69%)
100g.≈ Eiweiß 7,37g. Fett:7,33g.
µg. - Ph:15,05 Na:17,26 Ka:39,42 Mg:9,54 Ca:13,3 Fe:0,3 Zn:0,02 Col.:0,01 Hsr.:7,29

Zutaten:
Sesamöl 2 EL / 20g. (wenig)
Karotte (Mohrrübe, Möhre) 2 Stück / 100g. (empfehlenswert)
Fenchel 1 Stück / 250g. (empfehlenswert)
Lauch (Porree) 1 Stück / 200g. (empfehlenswert)
Salz 1 Prise / 1g. (wenig)
Kurkuma (Gelbwurz) 1 Prise / 1g. (empfehlenswert)
Zitrone Saft 1 Spritzer / 1g. (ja)
Soja Tofu 1 Paket / 120g. (empfehlenswert)
Pfeffer gemahlen 1 Prise / 0,5g. ()
Sojasauce 1 Schuss / 3g. (ja)
Reis Vollkorn 1 Tasse / 120g. (empfehlenswert)
Wasser 6 Tassen / 500g. (ja)
Salz 1 Prise / 1g. (wenig)

Kochanleitung:
In einem heißen Wok oder einer heißen Pfanne Sesamöl erhitzen.
Kleingeschnittene Karotten, Fenchel und Lauchscheiben darin anbraten
und mit Salz, einem Spritzer Zitronensaft und Kurkuma würzen.
Tofuwürfel 1-2 Min. mitbraten. Pfeffer dazugeben und zugedeckt etwa 5
Min. schmoren lassen, dann mit Sojasoße beträufeln. Den Reis in
gesalzenem Wasser aufkochen lassen und bei kleiner Hitze ca. 15 Min.
quellen lassen.

3.85 Polentaschnitte mit Ratatouille

Stärkt Magen und Milz, lässt Gallensaft fließen, harntreibend, fördert
Verdauung, hilft Fett zu verdauen, senkt Blutdruck.

Anzahl Portionen: 4
Kalorien p. Portion 225
Gramm p. Portion 360,75
Kochdauer ca. 30 min
Allergene: G
(Kohlehydrat:66% / Eiweiß & Fett:34%)
100g.≈ Eiweiß 7,77g. Fett:7,86g.
µg. - Ph:2,23 Na:1,22 Ka:9,69 Mg:0,92 Ca:2,28 Fe:0,05 Zn:0,02 Col.:0,07 Hsr.:0,97

Zutaten:
Mais Gries (Polenta) 1 Tasse / 120g. (ja)
Wasser 2 Tassen / 240g. (ja)
Aubergine 1 Stück (große) / 200g. (ja)
Zucchini 2 Stück / 500g. (ja)
Zwiebel weiss 2 Stück / 120g. (ja)
Tomate 4 Stück (passiert) / 200g. (empfehlenswert)
Olivenöl 2 EL / 20g. (empfehlenswert)
Salz 1 Prise / 0,5g. (wenig)
Petersilie 1 EL gehackte / 8g. (empfehlenswert)
Thymian 1/2 TL / 1g. (ja)
Zwiebel Frühlingszwiebel 2 EL gehackte / 12g. (ja)
Basilikum 4 Blätter / 2g. (ja)
Parmesan 2 EL / 20g. (ja)

Kochanleitung:
Wasser im Verhältnis 2:1 mit Salz und Öl zum Kochen bringen und
Polenta unter ständigem Rühren einrieseln lassen. Vom Herd nehmen
und 20 Min. quellen lassen. Inzwischen geschnittene Zwiebel in Topf
mit heißem Öl anbraten. Gewürfelte Zucchini, Tomaten und Aubergine
zugeben und ca. 20 Min. dünsten. Basilikum, Thymian und Salz
dazugeben. Blech mit Öl bestreichen, Polenta gleichmäßig auftragen
und warten, bis es fester wird. Die Ratatouille auf Polenta verteilen,

portionieren und für einige Minuten in den Backofen schieben, je nach Geschmack mit geriebenem Parmesan. Mit frischer Petersilie und fein geschnittenen Frühlingszwiebeln bestreuen. Der wertvolle Tipp: Die Polentaschnitten sind ideal für unterwegs.

3.86 Rasche Flocken mit Kompott oder Marmelade

Lindert Schmerzen, entgiftet, bakterizid, löst Steine, nährt Knochen und Sehnen, wärmt Nieren und Milz, stärkt Magen, löst Blähungen, kontrolliert übermäßigen Harndrang, hilft bei Verdauungsschwäche.

Anzahl Portionen: 2
Kalorien p. Portion 189
Gramm p. Portion 219
Kochdauer ca. 5 min.
Allergene: H
(Kohlehydrat:64% / Eiweiß & Fett:36%)
100g.≈ Eiweiß 4,12g. Fett:8,82g.
µg. - Ph:2,17 Na:0,24 Ka:3,41 Mg:0,86 Ca:1,28 Fe:0,03 Zn:0,03 Col.:0 Hsr.:0,14

Zutaten:
Quinoa 5–7 EL / 50g. (ja)
Wasser 1/4 Liter / 250g. (ja)
Kompott (Früchte der Saison) 1 Tasse / 100g. (empfehlenswert)
Walnüsse 1 EL gerieben / 8g. (ja)
Olivenöl 1 EL / 10g. (empfehlenswert)
Honig 2 EL / 20g. (ja)
Vanille 1 Prise / 0,2g. (ja)
Anis (gemeiner Fenchel) 1 Prise / 0,2g. (ja)
Kardamom 1 Prise / 0,2g. (ja)
Chili (Schote oder gemahlen) 1 Prise / 0,1g. (ja)

Kochanleitung:
Quinoa Flocken in eine Pfanne geben und mit Wasser aufgießen. 3-5 Min. aufkochen, vom Feuer nehmen, Nüsse und Kompott dazugeben sowie einen Schuss Öl. Süßen nach Bedarf mit Honig, Vollrohrzucker oder Agavendicksaft. Gewürze und Aromen: Vanille, Anis, Fenchel oder Koriander, Kardamom, wenig Chili. Winter: Apfelkompott, Birnenkompott, Früchtemarmelade. Sommer: Zwetschgenkompott, Aprikosenkompott.

3.87 Reis-Congee mit Honigbirne und schwarzem Sesam

Fördert Verdauung, harntreibend, befeuchtet Darm. Gut bei Durchblutungsstörungen, Thrombose, Emboliegefahr, Bluthochdruck, Kopfschmerzen, Herzinfarkt und Schlaganfall.

Anzahl Portionen: 2
Kalorien p. Portion 159
Gramm p. Portion 271,5
Kochdauer ca. 10 Min. - 3 Stunden
Allergene: N
(Kohlehydrat:95,26% / Eiweiß & Fett:4,74%)
100g.≈ Eiweiß 2,44g. Fett:1,55g.
µg. - Ph:9,61 Na:0,87 Ka:36,88 Mg:70,3 Ca:68,61 Fe:0,18 Zn:0,06 Col.:0 Hsr.:5,76

Zutaten:
Grundrezept für eine Reissuppe (Congee) 2 Tassen / 240g. (ja)
Birne 2 Stück / 300g. (empfehlenswert)
Sesam, Schwarzer 1 TL / 3g. (ja)

Kochanleitung:
Reis-Congee nach Grundrezept kochen oder vorbereiteten verwenden. Topf mit 3 cm Wasser befüllen und aufkochen lassen. Birnen vierteln (mit Haut und Kernen) und hineingeben und mit schwarzem Sesam 10 Min. zugedeckt köcheln lassen. Mit dem Reis mischen.

3.88 Reissuppe mit frischen Früchten

Harntreibend, erwärmt den Körper von innen, erweitert die Gefäße, stärkt die Muskeln, reguliert Innenorganfunktionen.

Anzahl Portionen: 4
Kalorien p. Portion 143
Gramm p. Portion 304
Kochdauer ca. 1 1/2 Stunden
Allergene: G
(Kohlehydrat:85% / Eiweiß & Fett:15%)
100g.≈ Eiweiß 1,99g. Fett:2,83g.
µg. - Ph:1,8 Na:0,13 Ka:2,27 Mg:0,92 Ca:0,43 Fe:0,02 Zn:0,01 Col.:0,12 Hsr.:0,84

Zutaten:
Reis Wilder (Naturreis) 1 Tasse / 100g. (empfehlenswert)
Wasser 8 Tassen / 900g. (ja)
Apfel (süß) 2 Tassen / 200g. (empfehlenswert)
Butter Bio 1 EL / 10g. (ja)
Vanille 1 Prise / 0,2g. (ja)
Chili (Schote oder gemahlen) 1 kleine Prise / 0,1g. (ja)
Zucker Ursüße (Zuckerrohr) süß 2 TL / 6g. (wenig)

Kochanleitung:
Reis-Congee nach Grundrezept zubereiten. Am Ende klein geschnittene Früchte der Saison, Vanille, Chili und Butter zugeben und nach Geschmack süßen. Variante: Mit Nüssen kann das Gericht jederzeit reichhaltiger und sättigender gemacht werden. Wirkung: Gekochte oder gedünstete Früchte sind leichter verdaulich und wirken besser auf die Produktion von Körpersäften als rohe. Bei einigen Früchten, die sich besonders für heiße Tage im Sommer eignen - wie Melonen und Beeren - empfiehlt es sich dennoch, die Früchte nur zum heißen Brei hinzuzufügen. Andere Obstsorten - wie Äpfel, Birnen, Pflaumen und Kirschen - können auch eine Weile mitgeköchelt werden.

3.89 Reissuppe mit geraspelten Karotten und frischen Kräutern

Harntreibend, erwärmt den Körper von innen, erweitert die Gefäße, stärkt die Muskeln, reguliert Innenorganfunktionen, senkt Blutdruck, bakterizid, stärkt Immunsystem, beugt Krebs vor, reduziert Strahlenverletzungen, fördert Verdauung.
Anzahl Portionen: 4
Kalorien p. Portion   131
Gramm p. Portion   227
Kochdauer ca.   5 min.
Allergene: EG
(Kohlehydrat:86% / Eiweiß & Fett:14%)
100g.≈ Eiweiß 2,24g. Fett:1,24g.
µg. - Ph:2,54 Na:1,11 Ka:2,18 Mg:1,23 Ca:0,74 Fe:0,03 Zn:0,02 Col.:0,05 Hsr.:1,06

Zutaten:
Reis Wilder (Naturreis) 1 Tasse / 100g. (empfehlenswert)
Wasser 6 Tassen / 700g. (ja)
Karotte (Mohrrübe, Möhre) 1 Stück / 100g. (empfehlenswert)
Sojasauce 1 Schuss / 2g. (ja)
Butter Bio 1 TL / 3g. (ja)
Kümmel 1 Prise / 0,3g. (ja)
Kräuter verschiedene 1 TL gehackt / 3g. (ja)

Kochanleitung:
In einer Portion Reis-Congee (nach Grundrezept) eine geraspelte Karotte weich kochen, Butter und Sojasoße zufügen und mit frischen Kräutern bestreuen. Gewürze und Kräuter: Schwarzkümmel, Kurkuma, Kardamom, Petersilie, Salbei, Thymian, Basilikum, Rosmarin Winter: Pastinake, Sellerie, Zwiebel, Lauch, Kürbis Sommer: Tomate, Zucchini, Frühlingszwiebel, Radieschen, Rucola

3.90 Rettich-Apfel-Joghurt-Frischkost

Stoppt Durchfall, fördert Verdauung, regt Appetit an, entgiftet, harntreibend, reduziert Durst, beugt Krebs vor, stärkt Körperzellen, löst Stagnation.

Anzahl Portionen: 2
Kalorien p. Portion 77
Gramm p. Portion   160
Kochdauer ca.   10 Min.
Allergene: G
(Kohlehydrat:79% / Eiweiß & Fett:21%)
100g.≈ Eiweiß 2,03g. Fett:1,39g.
µg. - Ph:9,35 Na:4,33 Ka:62,52 Mg:3,01 Ca:12,05 Fe:0,2 Zn:0,06 Col.:0,55 Hsr.:3,13

Zutaten:
Joghurt (natur, 3,5 % Fett) 5 EL / 50g. (ja)
Zitrone Saft 2 g. / 2g. (ja)
Salz 1 Prise / 0,5g. (wenig)
Pfeffer weiss (gemahlen) 1 Prise / 0,1g. (ja)
Rettich (weiß, grün, lila-rot) 100 g. / 100g. (empfehlenswert)
Apfel (süß) 1 Stück / 150g. (empfehlenswert)
Petersilie 2 EL / 18g. (empfehlenswert)

Kochanleitung:
Joghurt mit Zitronensaft, Salz und weißem Pfeffer verrühren. Rettich und Apfel waschen, schälen und fein raspeln. Mit der Joghurtsoße mischen, kurz durchziehen lassen und mit gehackter Petersilie bestreuen.

3.91 Rosmarinkartoffeln

Kartoffel stärkt die Milz, lindert Entzündungen, verbessert die Verdauung, regeneriert die Haut, ist harntreibend, senkt Cholesterinspiegel. Rosmarin fördert Verdauung, stärkt Lunge, Milz und Nieren.

Anzahl Portionen: 2
Kalorien p. Portion 189
Gramm p. Portion   216,5
Kochdauer ca.   30 Min.
Allergene:
(Kohlehydrat:76,49% / Eiweiß & Fett:23,51%)
100g.≈ Eiweiß 4,21g. Fett:5,25g.
µg. - Ph:23,02 Na:1,45 Ka:165,76 Mg:9,44 Ca:3,73 Fe:0,2 Zn:0,07 Col.:0,01 Hsr.:7,27

Zutaten:
Kartoffel 6-8 Stück / 420g. (ja)
Salz Kräutersalz 1 Prise / 1g. (wenig)
Olivenöl 1 EL / 10g. (empfehlenswert)
Rosmarin 1 TL / 2g. (ja)

Kochanleitung:
Kartoffeln der Länge nach halbieren, mit etwas Olivenöl bestreichen, salzen, 2-3 Rosmarinnadeln auf jede halbe Kartoffel streuen, auf Backblech setzen und im vorgeheizten Backofen ca. 25 Min. bei 190 Grad backen.

3.92 Rote Linsen mit Avocado und Rettich

Entzündungshemmend, harntreibend, fördert Verdauung, entgiftet, reduziert Durst, stärkt Herz und Nieren, beruhigt den Magen.
Anzahl Portionen: 3
Kalorien p. Portion 268
Gramm p. Portion 235,33
Kochdauer ca. 20 Min.
Allergene: N
(Kohlehydrat:23% / Eiweiß & Fett:77%)
100g.≈ Eiweiß 4,22g. Fett:24g.
µg. - Ph:3,94 Na:3,88 Ka:32,34 Mg:2,2 Ca:1,56 Fe:0,07 Zn:0,04 Col.:0 Hsr.:4,73

Zutaten:
Ingwer frisch 2 Scheiben / 2g. (ja)
Wasser 2 Tassen / 200g. (ja)
Linsen rot 1 Tasse geschälte / 100g. (ja)
Wakame 3 cm. / 1g. (ja)
Salz 1 Prise / 0,5g. (wenig)
Zitrone Saft 1 Spritzer / 1g. (ja)
Avocado 1 Stück / 300g. (empfehlenswert)
Pfeffer gemahlen 1 Prise / 0,2g. ()
Paprika (Rosenpaprikapulver) 1 Prise / 0,2g. (ja)
Sesamöl 1 Schuss / 1g. (wenig)
Rettich (weiß, grün, lila-rot) 1 Tasse / 100g. (empfehlenswert)

Kochanleitung:
Etwas kleingeschnittenen Ingwer, geschälte rote Linsen, ein Stück Wakame oder eine kleine Menge Hijiki in das Wasser geben und gar köcheln. Mit Salz, etwas Zitronensaft und Kurkuma abschmecken. Währenddessen: ½ Avocado pro Portion auf einem Drittel des Tellers

anrichten und gemahlenen Pfeffer, eine Prise Salz, etwas Zitronensaft, eine Prise Rosenpaprika und ganz wenig Sesamöl darüber geben. Geraspelten Rettich auf das zweite Tellerdrittel geben und das Linsengericht in das letzte Drittel des Tellers füllen. Variante: Radieschenscheiben an Stelle des Rettichs verwenden.

3.93 Rucolasalat mit Tomaten

Fördert Verdauung, hilft Fett zu verdauen, wirkt harntreibend und antioxidativ, senkt Blutdruck, zieht Adern zusammen, stärkt Muskeln, hilft bei Gastritis, Verstimmungen des Magens, Verstopfung, Blähungen und Sodbrennen.

Anzahl Portionen: 1
Kalorien p. Portion 129
Gramm p. Portion 241
Kochdauer ca. 10 Min.
Allergene: O
(Kohlehydrat:42% / Eiweiß & Fett:58%)
100g.≈ Eiweiß 2,02g. Fett:10,36g.
µg. - Ph:25,81 Na:8,73 Ka:233,45 Mg:12,42 Ca:14,87 Fe:0,55 Zn:0,17 Col.:0,04
Hsr.:10,79

Zutaten:
Olivenöl 1 EL / 10g. (empfehlenswert)
Pfeffer gemahlen 1 Prise / 0,2g. ()
Salz 1 Prise / 0,3g. (wenig)
Essig (Apfelessig) 1 Schuss / 1g. (ja)
Tomate 4 Stück / 200g. (empfehlenswert)
Rucola Rauke 2 Handvoll / 30g. ()

Kochanleitung:
In einer Salatschüssel Olivenöl, frisch gemahlenen Pfeffer, Salz, Essig und in kleine Würfel geschnittene Tomaten verrühren. Reichlich fein zerrupfte Rucolablätter untermengen. Varianten: Walnüsse untermengen. Shiitakepilze in feine Streifen schneiden. Eine Hälfte in etwas Butter braten und zusammen mit der anderen Hälfte roher Shiitake unter den Salat mengen. Anstelle von Shiitake können Champignons verwendet werden. Dazu passt: getoastetes Brot, Polenta.

3.94 Russische Kasha mit Weißkohl

Fördert Verdauung, lindert Schmerzen, entgiftet, fördert Appetit, löst Stagnation, regt Blutproduktion und Stoffwechsel an, baut Fett ab.

Anzahl Portionen: 2
Kalorien p. Portion 251
Gramm p. Portion 203,5
Kochdauer ca. 30 Min.
Allergene: AG
(Kohlehydrat:81,18% / Eiweiß & Fett:18,82%)
100g.≈ Eiweiß 8,19g. Fett:2,72g.
µg. - Ph:44,68 Na:1,88 Ka:72,81 Mg:16,01 Ca:11,92 Fe:0,6 Zn:0,22 Col.:0,44 Hsr.:24,96

Zutaten:
Buchweizen Vollkorn 1 Tasse / 130g. (empfehlenswert)
Wasser 2 Tassen / 240g. (ja)
Muskatnuss 1 Prise / 1g. (ja)
Salz 1 Prise / 1g. (wenig)
Petersilie 1 EL / 10g. (empfehlenswert)
Kümmel 1 Prise / 2g. (ja)
Butter Bio 1 TL / 3g. (ja)
Weißkohl/Weißkraut 1 Handvoll / 20g. (empfehlenswert)

Kochanleitung:
Buchweizen trocken goldgelb rösten. Kochendes Wasser zugießen, kurz aufkochen und dann quellen lassen, bis er weich ist. Weißkohl fein raspeln und unterheben. Mit Muskat und Salz würzen. Am Schluss etwas Petersilie, Kümmel und Butter hinzufügen.

3.95 Schnellpolenta mit Avocado und Frühlingszwiebel

Gut bei Entzündungen, Schwellungen und Schmerzen. Stärkt Magen und Milz, harntreibend, lässt Gallensaft fließen, löst Stagnation, liefert ungesättigte Fettsäuren, antioxidativ.

Anzahl Portionen: 2
Kalorien p. Portion 449
Gramm p. Portion 286
Kochdauer ca. 10 min.
(Kohlehydrat:55% / Eiweiß & Fett:45%)
100g.≈ Eiweiß 6,92g. Fett:27,5g.
µg. - Ph:16,92 Na:0,99 Ka:54,42 Mg:8,7 Ca:3,02 Fe:0,13 Zn:0,17 Col.:0,01 Hsr.:3,78

Zutaten:
Mais (Schnellpolenta) 1 Tasse / 120g. (ja)
Wasser 2 Tassen / 240g. (ja)
Olivenöl 1 EL / 15g. (empfehlenswert)
Salz 1 Prise / 1g. (wenig)
Pfeffer gemahlen 1 Prise / 0,5g. ()
Zitrone Saft 1 Schuss / 3g. (ja)
Zwiebel Frühlingszwiebel 2 Stück / 40g. (ja)
Avocado 1/2 Stück / 150g. (empfehlenswert)
Kurkuma (Gelbwurz) 1 Prise / 1g. (empfehlenswert)
Basilikum (frisch) 1 TL / 2g. (ja)

Kochanleitung:
Wasser erhitzen. Öl, Zitrone und Gewürze dazugeben. Wenn das
Wasser kocht, Polenta unter ständigem Rühren einrieseln lassen und 2
Min. kochen. Wenn der Brei fest wird, ist die Polenta ferti Gewürfelte
Avocado und geschnittene Frühlingszwiebel unter die Polenta mischen.
Mit frischem Basilikum überstreuen.

3.96 Sommersalat

Fördert Verdauung, hilft Fett zu verdauen, stärkt Magen, harntreibend,
senkt Blutdruck, entgiftet, beugt Krebs vor, zieht Adern zusammen,
erweitert Herzkranzgefäße, zieht Gebärmutter zusammen.
Anzahl Portionen: 1
Kalorien p. Portion 281
Gramm p. Portion   211
Kochdauer ca.   10 Min.
Allergene: GMNO
(Kohlehydrat:17% / Eiweiß & Fett:83%)
100g.≈ Eiweiß 9,99g. Fett:24,35g.
µg. - Ph:98,09 Na:400,8 Ka:189,73 Mg:18,19 Ca:141,3 Fe:0,78 Zn:0,5 Col.:7,82
Hsr.:10,55

Zutaten:
Rucola Rauke 1 Handvoll / 15g. ()
Radicchio 1 Kopf / 30g. (ja)
Tomate 2 (gewürfelt) / 100g. (empfehlenswert)
Olivenöl 1 EL / 10g. (empfehlenswert)
Oliven 2 EL / 16g. (ja)
Essig Aceto Balsamico 1 EL / 10g. (ja)
Senf mittelscharf 2 TL / 5g. (empfehlenswert)
Sesam Paste (Tahini) 1 TL / 2g. (ja)
Parmesan 2 EL / 20g. (ja)
Salz 1 Prise / 0,5g. (wenig)

Pfeffer gemahlen 1 Prise / 0,2g. ()
Rosmarin 2 TL / 3g. (ja)

Kochanleitung:
Den Salat waschen, klein zupfen und in einer Schüssel anrichten.
Soße: Öl, Balsamico-Essig, Senf und Tahin in ein Glas mit Deckel
geben und gut durchschütteln. Mit Salz und Pfeffer abschmecken. Salat
mit der Soße und den Oliven mischen, mit Parmesan und zum Schluss
mit Rosmarin bestreuen.

3.97 Spinat mit Sesammus (Tahin)

Fördert Ausscheidung, fördert Durchblutung, stärkt Magen und Darm,
reinigt Blut, verbessert Bauchspeicheldrüsenfunktion, verbessert
Verdauung, regeneriert Haut, harntreibend, senkt Cholesterinspiegel
und ist ein sanftes Abführmittel.

Anzahl Portionen: 4
Kalorien p. Portion   150
Gramm p. Portion   336,25
Kochdauer ca.   20 Min.
Allergene: N
(Kohlehydrat:67% / Eiweiß & Fett:33%)
100g.≈ Eiweiß 8,9g. Fett:3,7g.
µg. - Ph:2,88 Na:1,83 Ka:19,37 Mg:1,71 Ca:4,46 Fe:0,12 Zn:0,02 Col.:0 Hsr.:2,47

Zutaten:
Kartoffel 500 g. / 500g. (ja)
Salz 1 Prise / 0,2g. (wenig)
Wasser 1/4 Liter / 25g. (ja)
Spinat 1 Kg / 800g. (empfehlenswert)
Sesam Paste (Tahini) 2 EL / 20g. (ja)

Kochanleitung:
Kartoffeln kochen und schälen. Wasser erhitzen und Spinat darin
blanchieren. Wasser gut abtropfen lassen und mit Sesammus
verrühren.

3.98 Süßkartoffelpuffer mit Basilikum-Pesto

Stärkt das Immunsystem, baut Fett ab, verbessert die Verdauung, beruhigt Nerven und Magen, löst Steine, fördert Durchblutung, stärkt Muskeln, antioxidativ.

Anzahl Portionen: 3
Kalorien p. Portion 625
Gramm p. Portion 298,67
Kochdauer ca. 30 Min.
Allergene: ACH
(Kohlehydrat:58% / Eiweiß & Fett:42%)
100g.≈ Eiweiß 15,5g. Fett:32,67g.
µg. - Ph:14,41 Na:8,52 Ka:39,8 Mg:4,23 Ca:5,79 Fe:0,17 Zn:0,11 Col.:6,88 Hsr.:2,11

Zutaten:
Süßkartoffel 4 Stück / 500g. (ja)
Zwiebel rot 1/2 Stück / 30g. (ja)
Basilikum 1 EL / 10g. (ja)
Huhn Ei 2 Stück / 140g. (wenig)
Dinkel Vollkornmehl 80 g. / 80g. (empfehlenswert)
Salz 1 Prise / 0,5g. (wenig)
Olivenöl 60 ml. / 20g. (empfehlenswert)
Salz 1 TL (grobes) / 3g. (wenig)
Basilikum 1 Handvoll / 15g. (ja)
Petersilie 1 Handvoll / 15g. (empfehlenswert)
Knoblauch 2 Zehen / 3g. (empfehlenswert)
Walnüsse 60 g. / 60g. (ja)
Olivenöl 2 EL / 20g. (empfehlenswert)

Kochanleitung:
Süßkartoffelpuffer: Die Süßkartoffel gründlich waschen und ungeschält in eine große Schüssel raspeln. Zwiebel, Basilikum, Ei und Mehl zugeben, alles gut miteinander vermengen und dann etwas Salz darüberstreuen. Die Mischung ist locker, lässt sich aber zu Puffern formen. Im vorgeheizten Ofen auf einem mit Öl bestrichenen Backblech von beiden Seiten jeweils 4 bis 5 Min. backen. Basilikum-Pesto: Salz, kleingehackten Basilikum und Petersilie sowie den zerdrückten Knoblauch in einer kleinen Schüssel mit einem Löffel verreiben (wenn vorhanden einen Mörser verwenden). Die geriebenen Walnüsse dazugeben. Unter ständigem Rühren so viel Olivenöl zumengen, bis die gewünschte Konsistenz erreicht wird.

3.99 Süßreis mit Äpfeln

Stoppt Durchfall, fördert Verdauung, regt Appetit an, stoppt Husten, ist harntreibend und liefert viele Antioxidantien.

Anzahl Portionen: 4
Kalorien p. Portion   155
Gramm p. Portion   345,25
Kochdauer ca.   25 Min.
Allergene: H
(Kohlehydrat:79% / Eiweiß & Fett:21%)
100g.≈ Eiweiß 4,48g. Fett:6,38g.
µg. - Ph:2,76 Na:0,17 Ka:7,5 Mg:1,36 Ca:1 Fe:0,04 Zn:0,02 Col.:0 Hsr.:1,19

Zutaten:
Reis Süßer 1 Tasse / 100g. (ja)
Wasser 6 Tassen / 600g. (ja)
Apfelsaft (Naturtrüb) 1 Tasse / 120g. (empfehlenswert)
Apfel (süß) 2 Stück / 300g. (empfehlenswert)
Aprikose 2 Stück / 200g. (empfehlenswert)
Zimtpulver 1 Prise / 0,3g. (ja)
Kardamom 1 Prise / 0,2g. (ja)
Ingwer Pulver 1 Messerspitze / 0,3g. (ja)
Salz 1 Prise / 0,3g. (wenig)
Zitrone 1/2 in Stücke geschnitten / 10g. (ja)
Kakao 1 Prise / 0,5g. (ja)
Mandelmus 2 EL / 20g. (ja)
Gerstenmalz 1 EL / 10g. (ja)
Haselnüsse 2 EL / 20g. (empfehlenswert)

Kochanleitung:
Süßreis in heißem Wasser gar kochen. Den Apfelsaft erhitzen, süße Äpfel, Aprikosen oder anderes süßes Obst (neutral oder warm) kleingeschnitten zugeben und zusammen mit Zimt, Kardamom, geriebenem Ingwer, etwas Salz, geriebener Zitronenschale und wenig Kakao einige Minuten köcheln lassen. Süßreis mit etwas Mandelmus und Gerstenmalz erhitzen und mit gerösteten Nüssen bestreuen.

3.100 Tee aus Grüntee

Fördert Verdauung, harntreibend, löst Schleim, entgiftet, regt Nerven an, reduziert Blutfett, senkt Cholesterinspiegel, lindert Entzündungen.

Anzahl Portionen: 1
Kalorien p. Portion 3
Gramm p. Portion   122
Kochdauer ca.   10 Min.
(Kohlehydrat:20% / Eiweiß & Fett:80%)
100g.≈ Eiweiß 0,01g. Fett:0g.
µg. - Ph:5,61 Na:1,07 Ka:27,59 Mg:4,07 Ca:9,43 Fe:0,04 Zn:0,1 Col.:0 Hsr.:0

Zutaten:
Grüner Tee 1 TL / 2g. (empfehlenswert)
Wasser 1 Tasse / 120g. (ja)

Kochanleitung:
Pro Tasse verwendet man einen Teelöffel voll oder einen Teebeutel. Grüntee nur mit 60-80 Grad heißem Wasser aufbrühen, da er sonst bitter wird. Soll der Tee eine anregende Wirkung haben, lässt man ihn 2-3 Min. ziehen. Eher beruhigend wirkt er bei einer Ziehdauer von 5 Min. (nicht länger, sonst wird er bitter!). Eine andere Methode: Man übergießt die Teeblätter mit ca. 70 Grad heißem Wasser und gießt es sofort wieder ab. Dann einfach noch mal heißes Wasser nachgießen. Die Bitterstoffe verschwinden und der Tee bekommt ein milderes Aroma.

3.101 Tomatensuppe

Fördert Verdauung, hilft Fett zu verdauen, senkt Blutdruck, löst Stagnation, antioxidativ, harntreibend.

Anzahl Portionen: 2
Kalorien p. Portion 100
Gramm p. Portion   290
Kochdauer ca.   10 min.
Allergene:
(Kohlehydrat:42% / Eiweiß & Fett:58%)
100g.≈ Eiweiß 1,78g. Fett:7,9g.
µg. - Ph:4,2 Na:1,2 Ka:31,36 Mg:1,99 Ca:3,85 Fe:0,07 Zn:0,04 Col.:0,01 Hsr.:1,47

Zutaten:
Olivenöl 1 EL / 15g. (empfehlenswert)
Zwiebel weiss 1 Stück / 60g. (ja)
Basilikum (frisch) 1 TL / 2g. (ja)
Zimtpulver 1 Prise / 1g. (ja)
Pfeffer gemahlen 1 Prise / 0,5g. ()
Salz 1 Prise / 1g. (wenig)

Tomate 5 Stück / 250g. (empfehlenswert)
Paprika (Rosenpaprikapulver) 1 Prise / 1g. (ja)
Wasser 250 g. / 250g. (ja)

Kochanleitung:
Die kleingeschnittene Zwiebel im Olivenöl in einem Topf anrösten, Salz
und Gewürze zufügen und kurz mitrösten. Gewaschene und geviertelte
Tomaten zugeben und kurz anbraten. 250 ml Wasser heißes Wasser
zufügen, 15 Min. kochen lassen und dann pürieren.

3.102 Tsampa

Stärkt Milz, kühlt Blase, stärkt Magen, befeuchtet Darm, befeuchtet die
Haut, entspannt, harntreibend, fördert Verdauung, entgiftet, regt Nerven
an, reduziert Blutfett, senkt Cholesterinspiegel.

Anzahl Portionen: 2
Kalorien p. Portion 140
Gramm p. Portion   135
Kochdauer ca.   5 Min.
Allergene: A
(Kohlehydrat:85,96% / Eiweiß & Fett:14,04%)
100g.≈ Eiweiß 1,38g. Fett:0,34g.
µg. - Ph:86 Na:1,5 Ka:383,5 Mg:45,61 Ca:63,17 Fe:0,41 Zn:0,4 Col.:0 Hsr.:6,06

Zutaten:
Tsampa (geröstetes Gerstenmehl) 4 EL / 30g. (ja)
Grüner Tee 1 Tasse / 120g. (empfehlenswert)
Wasser 1 Tasse / 120g. (ja)

Kochanleitung:
Tsampa (tibetisch ratsam pa) ist ein tibetisches Grundnahrungsmittel.
Es besteht aus geröstetem Mehl, üblicherweise Gerste (nas rtsam).
Tsampa wird traditionell mit Tee hergestellt. Da es schnell und einfach
zuzubereiten ist, wird es von Sherpas, Nomaden und Reisenden gerne
verwendet. Zubereitung: Das Tsampa wird in eine Schüssel gefüllt und
mit Tee übergossen, von dem ein Teil getrunken und der Rest mit dem
Tsampa zu einer teigähnlichen Masse geformt wird. Man kann den Tee
auch zuerst eingießen. In jedem Fall benötigt man ein gewisses
Geschick, um das richtige Verhältnis von Tsampa und Flüssigkeit zu
erreichen. Die beiden Stoffe werden normalerweise mit den Fingern
gemischt. Es empfiehlt sich, Yak Butter zur Verbesserung von
Geschmack und Stabilität hinzuzufügen.

3.103 Vitamindrink

Reguliert Magen-Darm-Funktion, stärkt Milz und Leber, senkt Blutdruck, bakterizid, stärkt Immunsystem, beugt Krebs vor.

Anzahl Portionen: 3
Kalorien p. Portion 172
Gramm p. Portion 273,33
Kochdauer ca. 5 Min.
(Kohlehydrat:91,86% / Eiweiß & Fett:8,14%)
100g.≈ Eiweiß 2,79g. Fett:0,57g.
µg. - Ph:9,44 Na:2,63 Ka:80,69 Mg:7,39 Ca:10,07 Fe:0,28 Zn:0,03 Col.:0 Hsr.:6,17

Zutaten:
Orangensaft 300 ml. / 300g. (empfehlenswert)
Karotte (Mohrrübe, Möhre) 200 g. / 200g. (empfehlenswert)
Banane 2 Stück / 300g. (empfehlenswert)
Kiwi 1 Stück / 20g. (empfehlenswert)

Kochanleitung:
Orangen, Karotten, Bananen und die Kiwi grob zerkleinern und mit dem Mixstab fein pürieren.

3.104 Wärmende Karottensuppe

Stärkt und wärmt, senkt Blutdruck, bakterizid, stärkt Immunsystem, beugt Krebs vor, reduziert Strahlenverletzungen, stärkt Magen-Darm-Funktion.

Anzahl Portionen: 3
Kalorien p. Portion 133
Gramm p. Portion 274,67
Kochdauer ca. 30 min
Allergene: HL
(Kohlehydrat:78,77% / Eiweiß & Fett:21,23%)
100g.≈ Eiweiß 2,17g. Fett:7,87g.
µg. - Ph:8,57 Na:6,92 Ka:27,55 Mg:25,11 Ca:97,93 Fe:0,4 Zn:0,03 Col.:0 Hsr.:2,99

Zutaten:
Karotte (Mohrrübe, Möhre) 4 Stück / 250g. (empfehlenswert)
Walnussöl 2 EL / 20g. (wenig)
Zwiebel Schalotte 2 Stück / 40g. (ja)
Anis (gemeiner Fenchel) 1/2 TL / 1g. (ja)
Muskatnuss 1 Prise / 1g. (ja)
Ingwer frisch 1/2 TL / 1g. (ja)
Salz 1 Prise / 1g. (wenig)
Grundrezept für eine Gemüsebrühe 1/2 Liter / 500g. (empfehlenswert)
Petersilie 1 EL / 10g. (empfehlenswert)

Kochanleitung:

Walnussöl in einem Topf erhitzen und die kleingeschnittenen Zwiebeln darin anbraten. Karotten gewürfelt zufügen. Anis, Muskat, etwas Ingwer und Salz zugeben. Wasser oder Gemüse- bzw. Fleischbrühe zugeben. Alles weich kochen und dann pürieren. Am Ende Petersilie unterheben. Empfehlung: Die Suppe eignet sich für die kalte Jahreszeit, vor allem, wenn man als Flüssigkeit zum Aufgießen Fleischbrühe verwendet.

3.105 Zucchini mit Basilikum-Pesto

Gut bei Blähungen und Übelkeit, entkrampfend und beruhigend. Fördert Verdauung, stärkt Magen und Verdauungssystem, entgiftet, bakterizid, stärkt Muskeln und Knochen, harntreibend, löst Stagnation.

Anzahl Portionen: 3
Kalorien p. Portion 467
Gramm p. Portion   255
Kochdauer ca.   25 Min.
Allergene: ACGHL
(Kohlehydrat:62% / Eiweiß & Fett:38%)
100g.≈ Eiweiß 15,92g. Fett:20,94g.
µg. - Ph:11,85 Na:6,22 Ka:20,93 Mg:4,55 Ca:15,48 Fe:0,13 Zn:0,08 Col.:3,09 Hsr.:6,08

Zutaten:

Basilikum (frisch) 1 Bund / 125g. (ja)
Olivenöl 1 EL / 20g. (empfehlenswert)
Mandeln 1 EL / 15g. (empfehlenswert)
Parmesan 30 g. / 30g. (ja)
Grundrezept für eine Gemüsebrühe 3 EL / 45g. (empfehlenswert)
Zitrone Schale 1 TL / 3g. (ja)
Zitrone 1 TL / 3g. (ja)
Oregano getrocknet 2 TL / 15g. (ja)
Kümmel 1 Prise / 1g. (ja)
Salz 1 Prise / 1g. (wenig)
Pfeffer gemahlen 1 Prise / 1g. ()
Nudeln (Weizen, Spagetti) mit Ei 200 g. / 200g. (ja)
Salz 1 Prise / 1g. (wenig)
Olivenöl 1 EL / 15g. (empfehlenswert)
Zwiebel Frühlingszwiebel 2 Stück / 40g. (ja)
Zucchini 250 g. / 250g. (ja)

Kochanleitung:

Basilikum, Olivenöl, geriebene Mandeln, Parmesan, Gemüsebrühe und geriebene Zitronenschale zu einer glatten, geschmeidigen Creme pürieren. Pesto mit Salz, Oregano, Kümmel und Pfeffer abschmecken. Die Spaghetti mit etwas Salz in reichlich Wasser bissfest kochen.

Olivenöl in einer Pfanne erhitzen und die Frühlingszwiebeln unter Rühren darin weich braten. Zucchini dazugeben und kurz mitbraten. Die Zucchini sollen weich, aber mit Biss sein. Mit Salz abschmecken. Die gut abgetropften Spaghetti mit den Zucchini und dem Pesto in einer Schüssel vermischen und mit Salz und Pfeffer abschmecken. Empfehlenswert bei Schluckstörungen, Appetitlosigkeit, Kalium- und Magnesiumbedarf.

4 Wirkung der Lebensmittel

4.1 Zutaten verwenden: empfehlenswert

Acaipulver
Acerola Fruchtnektar oder Pulver
Ahornsirup
Apfel (sauer)
Apfel (süß)
Apfelmus
Apfelsaft (Naturtrüb)
Aprikose
Aprikosennektar
Avocado
Banane
Banane Kochbanane
Beeren der Saison
Beerensaft
Birne
Birnensaft
Bohnenkraut
Brokkoli
Brot mit Johannisbrotkernmehl
Buchweizen
Buchweizen (geröstet) Kasha
Buchweizen Vollkorn
Bulgur (Getreide)
Cashewnüsse
Couscous
Cranberries
Dinkel
Dinkel Brot
Dinkel Flocken
Dinkel Gries
Dinkel Vollkornmehl
Dorsch
Erdnüsse
Erdnussöl
Feldsalat
Fenchel
Fischstücke gemischt (Süßwasser)
Flunder
Gemüsesaft

Gerste (Nacktgerste)
Gerstengraupen
Gerstenmehl
Gewürznelke
Grüner Tee
Grünkern
Gurke (bitter)
Hafer Schmelzlocken (Babynahrung)
Haselnüsse
Heidelbeere
Heidelbeersaft
Heilbutt
Hirseflocken
Honigmelone
Johannisbeere (schwarz)
Johannisbeermarmelade (schwarz)
Johannisbeernektar (schwarz)
Kabeljau
Karotte (Frühkarotte)
Karotte (Mohrrübe, Möhre)
Karottensaft ohne Zucker
Kastanien (Maronen)
Kirschsaft
Kiwi
Knoblauch
Kohlrabi
Kompott (Früchte der Saison)
Kopfsalat
Kresse
Kurkuma (Gelbwurz)
Lauch (Porree)
Lauchzwiebel Schnittlauch
Leinöl
Leinsamen
Leinsamen (geschrotet)
Mandeln
Mangosaft
Maniokmehl
Marillen

Marillensaft
Meeräsche
Mittelmeerfisch (Kabeljau, Scholle,
Schellfisch, Seeaal, Makrele)
Moosbeere
Obstmischung Fruchtsaft
Olivenöl
Orange
Orangensaft
Paprika
Paranuss
Petersilie
Pinienkerne
Pistazien
Preiselbeere
Preiselbeersaft
Radieschen
Reis Vollkorn
Reis Wilder (Naturreis)
Rettich (weiß, grün, lila-rot)
Rettich Meerrettich (Kren)
Rettich schwarz
Roggen Vollkornbrot
Rotbarsch
Safran
Sanddorn
Scholle
Senf
Senf mittelscharf

Senf süß
Senfsamen
Soja Cuisine (Soja-Sahne)
Soja Tofu
Sojabohne
Sojabohnen, Gelbe
Sojamehl
Soja-Nudeln
Spinat
Stachelbeere
Thunfisch
Tomate
Tomatensaft
Trauben weiß
Traubensaft rot
Traubensaft weiß
Vollkornbrot
Vollkornbrot mit ganzen Körner
Vollkornmehl
Walderdbeeren
Walnüsse geröstet
Weißkohl/Weißkraut
Weizen Bulgurweizen
Weizen Gries - Kindergries
Weizen Mehl Vollkorn
Weizen/Roggen Grau- Schwarzbrot mit
Hefe
Weizenkleie
Zitronenmelisse (frisch)

4.2 Zutaten verwenden: ja

Aal
Adzukibohnen
Agar-Agar, Agartang
Agavendicksaft
Aloesaft
Amaranth
Amaranth POPS
Ananas
Ananassaft ungezuckert
Andornkraut
Angelikawurzel
Anis (gemeiner Fenchel)
Aprikose getrocknet
Aprikosen Marmelade
Artischocke
Astronautenkost
Aubergine
Austern
Austernpilze
Austernschalenpulver
Backpulver
Baldrian

Bambussprossen
Banchatee
Bärentraubenblätter
Bärlauch (Knoblauchspinat)
Barsch
Basilikum
Basilikum (frisch)
Bataviasalat
Benediktinerdistel
Berberitzenrindetee
Bier (alkoholarm)
Bier (alkoholfrei)
Bitter Lemon
Bitterklee
Bitterorangenschale
Blätterteig
Blattsalate (bitter)
Blumenkohl (Karfiol)
Blütenpollen
Bocksdornfrüchte (Fructus Lycii)
getrocknet
Bockshornklee

Bohnen (grün, frisch)
Borretsch
Boxhornkleesamen
Brennnessel
Brie
Brombeerblätter
Brombeere
Brombeere getrocknet (unreife)
Brombeermarmelade
Brösel (Weizenbrot, Semmel)
Brötchen (Semmel)
Buschbohnen
Butter (halbfett)
Butter Bio
Butterbohnen weiße
Buttermilch
Calamari
Camembert
Champignon
Channa-Dal
Chenpi (chinesische Mandarinenschale)
Chicorée
Chili (Schote oder gemahlen)
Chinakohl
Chlorella (Süßwasser)
Chrysanthemenblütentee
Clementinen
Colagetränk
Creme fraiche
Cumin (Kreuzkümmel)
Curry
Currypaste rot
Dashi
Datteln getrocknet
Datteln rot
Dill
Dornhai (Seeaal, Schillerlocken)
Dulse (Lappentang)
Edamer
Eibennuss
Eibisch (Hibiscus)
Eisbergsalat
Emmentaler
Endiviensalat
Ente (Herz)
Enzianwurzel
Erbse, grün
Erbsen
Erdbeere
Erdbeermarmelade
Erdbeersaftgetränk
Erdnussbutter
Essig (Apfelessig)

Essig (Rotweinessig)
Essig Aceto Balsamico
Essig Aceto Balsamico weiss
Essiggurke
Estragon
Färberdiestel (Hong Hua)
Färberginsterkraut
Fasan
Feige
Feige getrocknet
Fenchelsamen gemahlen
Fencheltee
Feta
Fisch Innereien
Fischreste
Fischsouce
Flaschenkürbis
Flohsamen
Forelle
Forelle (geräuchert)
Frischkäse
Frischkäse aus Soja
Frischkäse mit Kräuter
Früchtetee
Fruchtzucker (Fruktose, Traubenzucker)
Gagelpflaume
Galgant
Gänseblümchen
Gänseblut
Garam Masala Pulver
Garnele
Gelatine weiss
Gelee Royal
Gerste
Gerste (Perlgerste)
Gerstengras Pulver
Gerstengrütze
Gerstenmalz
Getreidekaffee
Ginkgofrucht
Ginsengwurzel
Glühweingewürzmischung
Gorgonzola
Gouda
Granatapfel
Grapefruit getrocknete Schale
Grapefruit/Pampelmuse/Pomelo
Grapefruitsaft
Graskarpfen
Guave
Gurke
Gurke (Gewürzgurke)
Hafer

Hafer Flocken (Vollkorn)
Hafer Flocken geröstet
Hafer Mehl
Hafer Milch
Hafer Schrot
Hagebutte
Hagebuttentee
Haifisch
Hammel
Hase
Hase, wild
Hefe
Heidelbeere getrocknet
Heidelbeermarmelade
Hering
Hibiskustee
Hijiki
Himbeerblättertee
Himbeere
Himbeere getrocknet (unreife)
Himbeermarmelade
Hiobsträne (Samen) YiYi Ren
Hirsch Fleisch
Hirsch Knochen
Hirsch Nieren
Hokkaidokürbis
Holunderbeeren
Holunderblütentee
Honig
Hopfen
Hüttenkäse
Ingwer frisch
Ingwer Pulver
Jakobstränen
Jasminblütentee
Joghurt (natur, 1,5 % Fett)
Joghurt (natur, 3,5 % Fett)
Johannisbeere (rot)
Johannisbeere (weiß)
Johannisbeermarmelade (rot)
Johannisbrotkernmehl
Kaffee
Kaffeeweißer
Kakao
Kaki-Pflaume
Kaktusfeige
Kalmus
Kamille
Kaninchen Fleisch
Kapern (eingelegt)
Kapuzinerkresse
Karambole/Sternfrucht
Karausche
Kardamom

Karpfen
Kartoffel
Kartoffel (mehlige)
Kartoffelmehl
Käsepappeltee
Kaviar
Kefir
Kerbel
Kerbel getrocknet
Kichererbsen
Kirsche
Kirsche (sauer)
Kirschenkompott
Klementine
Klettenwurzeltee
Knäckebrot
Kohlrübe
Kokosflocken
Kokosmilch
Kokosnussfleisch
Kokosraspeln
Kombualge
Koriander
Koriandergrün
Korinthen (rot)
Korinthen (schwarz)
Krabbe
Krake
Kräuter bittere
Kräuter der Provence
Kräuter verschiedene
Kräuter Wildkräuter
Kräuterteemischung
Kuhmilch (1,5 % Fett)
Kuhmilch (Vollmilch 3,5 % Fett)
Kukichatee
Kümmel
Kümmel gemahlen
Kumquat
Kürbis
Kürbiskerne
Kuzu
Lachs
Languste
Laugengebäck
Lavendelblüten
Leberglättertee
Liebstöckel
Liebstöckelsamen
Limabohnen
Lindenblütentee
Linsen (Helmbohnen)
Linsen gelb
Linsen rot

Linsen schwarz
Löffelbiskuit
Longane
Loquate/Japanische Mispel
Lorbeerblatt
Lotossamen
Lotoswurzeln
Löwenzahn (junger)
Löwenzahnsaft
Löwenzahnwurzeltee
Luohan-Frucht
Lychee
Lychee (Konserve)
Magermilchpulver
Mais
Mais (geröstet)
Mais (Schnellpolenta)
Mais Gries (Polenta)
Mais Mehl (Maizena)
Maishaartee
Maisstärke
Majoran
Makannastern Samen
Makrele
Malventee
Malz
Mandarine
Mandelmilch
Mandelmus
Mandeln Marzipan
Mango
Mangold
Mangopulver
Maulbeerfrucht
Meereskrebs
Mehrkornbrot (Graubrot)
Melisse
Miesmuscheln
Mineralwasser
Mirabelle
Miso
Miso schwarz (fermentiert)
Mispel
Mixed Pickels
Mohn
Molke
Morchel (schwarz, getrocknet)
Mozzarella
Mu-Erh-Pilz
Mungbohne
Mungbohnensprossen
Muskatnuss
Müsli
Nektarine

Nelke
Nierenbohnen (rote)
Nori, Purpurtang, Rotalge
Nudeln (Vollkorn) mit Ei
Nudeln (Weizen) mit Ei
Nudeln (Weizen, Bandnudeln) mit Ei
Nudeln (Weizen, Lasagneblätter) mit Ei
Nudeln (Weizen, Spagetti) mit Ei
Odermennig
Okra
Oliven
Oliven grün
Orange abgeriebene Schale
Orange getrocknete Schale
Orange Schale
Orangenblüten
Orangenmarmelade
Oregano frisch
Oregano getrocknet
Palmöl
Papaya
Paprika (Rosenpaprikapulver)
Paprika (süß)
Parmesan
Passionsblumenblütentee
Passionsfrucht (Maracuja)
Pastinake
Peperoni
Peperoni, gelb, entkernt, halbiert
Peperoni, rot, entkernt, halbiert
Petersilienwurzel
Pfeffer Cayenne
Pfeffer Körner
Pfeffer weiss (gemahlen)
Pfefferminze
Pfefferminztee
Pfeilwurzelmehl
Pferd Fleisch
Pfifferlinge/Eierschwammerl
Pfirsich
Pfirsich (Dose)
Pflaume
Pflaume getrocknet
Piment
Pintobohnen gesprenkelt
Preiselbeermarmelade
Puddingpulver Vanille
Pumpernickel
Pute Brustfleisch
Pute Schinken
Qualle
Quargel 20%
Quinoa
Quitte

Radicchio
Reh Fleisch
Reineclaude
Reis Basmatireis
Reis Duftreis
Reis Gaoliangreis (Sorghum)
Reis Klebreis
Reis Langkornreis
Reis Reisschleim
Reis Roter
Reis Rundkornreis
Reis Schwarzer
Reis Sorte beliebig
Reis Süßer
Reishi
Reismalz
Reismehl
Reisnudeln
Reisstärke
Rettichblätter (vom Wochenmarkt)
Rhabarber
Rind (Kalb)
Rind Filet
Rind Fleisch
Roggen
Roggenmehl
Römersalat/Lattich-Salat
Rosenblättertee
Rosenblütentee
Rosenkohl
Rosinen
Rosmarin
Rote Grütze (ohne Zucker)
Rote Rübe
Rotkohl
Sago (Getreide)
Sahne 10% Kaffeesahne
Sahne sauer 10%
Sake
Salbei
Sardellen/Sardine
Saubohnen (Dicke Bohnen)
Sauerampfer
Sauerkirsche
Sauerkraut
Sauermilch
Sauerrahm 15% Fett
Sauerteig
Schafgarbe
Schafgarbentee
Schafmilch Joghurt
Schafskäse
Schafsmilch
Schimmelkäse

Schlehdorn
Schmelzkäse 12%
Schnecke
Schwarzaugenbohnen
Schwarze Bohnen
Schwarzer Fungu Pilz
Schwarzkümmel
Schwarztee
Schwarzwurzel
Schwedenkraut (Schwedenbitter)
Seegurke
Sellerie Knolle
Sellerie Stangensellerie
Senf Dijon
Sesam Paste (Tahini)
Sesam, Schwarzer
Sesam, Weißer
Shiitake, getrocknet
Shrimps
Silbermorchel, getrocknet
Sojabohnen, Schwarze
Sojabohnen, Schwarze, fermentiert
Sojabohnenmilch
Sojacreme
Sojapaste (Miso)
Sojasauce
Sonnenblumenkerne
Spargel (grün oder weiß)
Speiserüben
Spitzwegerichtee
Stangenbohnen (Fisolen)
Steinpilz/Herrenpilz
Sternanis
Stevia (Süßkraut)
Stutenmilch
Süßholzwurzeltee
Süßkartoffel
Süßwasserfisch
Süßwasserkrebs
Tabasco
Taube
Taube Ei
Teemischung Harnsäuresenkend
Thymian
Thymian getrocknet
Tintenfisch
Toastbrot (Vollkorn)
Tomate getrocknet
Tomatenmark
Tomatenpüre
Tonicwasser
Topfen (Quark) 20%
Trauben rot
Trüffel

Tsampa (geröstetes Gerstenmehl)
Umeboshipaste
Umeboshipflaumen (Japanaprikosen)
Vanille
Vanillepulver
Vanilleschote
Vanillezucker natur
Vogelmiere
Vogerlsalat (Pflücksalat)
Wacholderbeere
Wachskürbis
Wakame
Walnüsse
Wasser
Wasser heiss
Wassermelone
Weißdorn
Weiße Bohnen
Weißfischchen
Weißwurz
Weizen
Weizen Flocken
Weizen Gras Pulver
Weizen Gries
Weizen Mehl
Weizengrassaft
Wermut
Wermutkraut

Wildkräuter
Wildschwein Fleisch
Wirsing/Grünkohl
Yamswurzel, Yamswurzelknolle
Yogitee
Ysop
Ziegen- und Schafsmilch
Ziegenkäse
Zimtpulver
Zimtstange
Zitrone
Zitrone Saft
Zitrone Schale
Zitrone, Limette
Zitronengras
Zitronenmelisse (getrocknet)
Zucchini
Zucker Fructose Fruchtzucker
Zucker Glukose Traubenzucker
Zucker Milchzucker
Zuckerersatz (Süßstoff)
Zwetschken
Zwieback
Zwiebel Frühlingszwiebel
Zwiebel rot
Zwiebel Schalotte
Zwiebel weiss

4.3 Zutaten verwenden: wenig

Aal geräuchert
Ananas (aus der Dose)
Bier (Altbier)
Bier (Pils)
Bitterlikör
Bohnenöl
Borretschöl
Campari
Colagetränk (kalorienarm)
Distelöl
Erdnuss (geröstet)
Fernet Branca (Kräuterbitterlikör)
Gans (Gänseklein)
Ginsenglikör
Hirse
Honigwein (Met)
Huhn Blut
Huhn Ei
Huhn Eigelb
Huhn Eiweiß
Huhn Fleisch
Huhn Herz
Huhn Leber

Huhn Magen
Hummer
Ingweröl
Kaninchen Leber
Kokosfett
Kürbiskernöl
Lamm Fleisch
Lamm Knochen
Lamm Leber
Lamm Nieren
Lycheelikör
Maiskeimöl
Malzbier
Margarine
Margarine (Diät)
Martini
Mascarpone
Mayonnaise 50%
Mayonnaise 80%
Nachtkerzenöl
Prosecco
Rind Fleischknochen
Rind Herz

Rind Herz (Kalb)
Rind Leber
Rind Lunge (Kalb)
Rind Magen
Rind Niere
Rind Ochsenschwanzstücke
Rind Suppenfleisch
Rotwein
Rum
Sahne sauer 20%
Sahne sauer 30%
Sahne, süß 30%
Salz
Salz Kräutersalz
Schaffleisch
Schmelzkäse 30%
Schnaps
Schokolade
Schokolade (Diabetiker)
Schwein Blut
Schwein Darm
Schwein Fleisch
Schwein Haut
Schwein Herz
Schwein Hirn
Schwein Leber
Schwein Lunge
Schwein Magen
Schwein Markknochen
(Röhrenknochen)
Schwein Nieren
Schwein Schinken
Schwein Schinken gekocht
Schwein Schinken geselcht
Schwein Schinkenspeck

Sesamöl
Sesamöl geröstet
Sherry
Soja Tofu geräuchert
Sojaöl
Sonnenblumenöl
Topfen (Quark) 40%
Traubenkernöl
Wachtel Ei
Walnussöl
Weißbrot (Weizenbrot)
Weißbrot Baguette
Weißbrot Brösel (Weizenbrot)
Weißbrot Knödelbrot (Weizenbrot)
Weißbrot Salzstangerl
Weißbrot Semmel
Weißwein
Weizen Bier
Weizen Fladenbrot
Weizenkeimöl
Ziegen- und Schafsblut
Ziegen- und Schafshirn
Ziegen- und Schafsleber
Ziegen- und Schafsmagen
Zucker (Staubzucker)
Zucker (weiß, aus Rüben)
Zucker braun
Zucker Kandis weiß
Zucker Melasse
Zucker Palmzucker
Zucker Ursüße (Zuckerrohr) süß

4.4 Kontraindikativ wirkende Lebensmittel nicht verwenden

Bratöl
Butterschmalz
Ente (Frühmastente, schlachtfrisch)
Entenei
Gans
Gans (Gänseschmalz)
Gänseei
Lamm Schulter
Rapsöl

Rind Knochenmark
Schwein Bratwurst
Schwein Fett
Schwein Haxe (Eisbein)
Schwein Mettwurst
Schwein Schmalz
Wachtel
Ziege

5 Komplementär

5.1 Dekokt (Abkochung)

5.1.1 Ginkgoblätter

Hochwirksames Antioxidans. Gut gegen zerebrale Durchblutungsstörungen, Bluthochdruck, Angina Pectoris, Arteriosklerose, Asthma, Atemnot.
Studien belegen die Wirkung von Ginko-Bilboa-Konzentrat als hochwirksames Antioxidans, welches gesunde Zellen vor Nebenwirkungen des Chemotherapie-Medikaments Adriamycin schützen kann. Ginko wirkt tumorhemmend in Kulturen von Mund- und Leberkrebszellen und schützte im Tierversuch Ratten vor chemisch hervorgerufenen Darmkrebs.

5.1.2 Ingwer frisch

Treibt Schweiß, reduziert Blutfett, regt an, lindert Erbrechen, fördert den Speichelfluss, stärkt das Herz, wirkt schleimlösend.
1–6 Scheiben der frischen Wurzel 3 Min. in einer Kanne Wasser ziehen lassen. 10 g in zwei Dosen auf leeren Magen trinken.
Zur Geschmacksverbesserung eignet sich brauner Rohzucker
Besonderheiten: In der TCM wird die frische Ingwerwurzel hauptsächlich gegen Fischvergiftung sowie Erkältungen von Lunge und Magen verwendet. Da Ingwer die Nährstoffaufnahme fördert, wird er häufig in unterschiedlichen Rezepturen eingesetzt, um die rasche Aufnahme anderer Kräuter zu erleichtern und deren Wirkung dadurch zu verstärken. Ingwer enthält das verdauungsfördernde Enzym Zingibain. Die verdauungsfördernde Wirkung dieses Stoffes ist stärker als die des Enzyms Papain.
In zu großen Mengen führt Ingwer zu Verstopfung, Nicht anwenden bei: Schwangerschaft, hohem Fieber.

5.2 Fertiggetränk

5.2.1 Aronia (Apfelbeeren)

Gegen freie Radikale. Aufgrund des hohen Flavonoid-, Folsäure, Vitamin-K- und Vitamin-C-Gehalts zählt die Aronia zu den Heilpflanzen. Die Aronia sind im Fachhandel als getrocknete Beeren, als Saftkonzentrat, als Tee und als Getränk erhältlich.

1-2 Glas pro Tag

Aufgrund des hohen Flavonoid-, Folsäure, Vitamin-K- und Vitamin-C-Gehalts zählt die Aronia zu den Heilpflanzen. Die Aronia sind im Fachhandel als getrocknete Beeren, als Saftkonzentrat, als Tee und als Getränk erhältlich.

5.3 Heil-Tee (Aufguss)

5.3.1 Cannabis

Hohe Effizienz bei der Bekämpfung von Chemotherapie bedingten Nebenwirkungen. Schmerzlindernd.

Ein unverständlicherweise immer noch leicht kontroverses Thema ist die Anwendung des vergleichsweise mild wirkenden Marihuanas bei Krebs, besonders wenn man sich mal Folgen und Umfang des alltäglichen klinischen Einsatzes von Morphium -einer dem Heroin verwandten Substanz- vor Augen führt. Marihuana zeigte im Tierversuch direkt tumorhemmende und Lebensverlängernde Wirkung. Außerdem unterdrückt der im Cannabis enthaltene Wirkstoff Delta-9-Tetrahydrocannabinol (THC) offenbar die Reproduktion von Gamma-Herpesviren, welche im Verdacht stehen Krebs auszulösen. Das Haupteinsatzgebiet von Cannabis bei Krebs ergibt sich allerdings aus seiner hohen Effizienz bei der Bekämpfung von Chemotherapie bedingten Nebenwirkungen. In der Vergangenheit wurden zwar eine Reihe von Medikamenten -in der Regel Phenothiazine und Butyrophenone- entwickelt welche diese Nebenwirkungen, üblicherweise Übelkeit und Erbrechen, mehr oder weniger erfolgreich unterdrücken sollten, jedoch scheint nach Aussage von Wissenschaftlern die Wirkung von Cannabis diesen Substanzen klar überlegen zu sein, wobei es jedoch manchmal Dosierungen bedarf, die einen Einfluss auf das Zentralnervensystems möglich erscheinen lassen, d.h. es kann zu einem leichten Rausch kommen. In einer randomisierten Doppelblindstudie wurde 23 Kindern in Chemotherapie das synthetische Cannabinoid 'Nabilon' als Mittel gegen ihre Chemotherapie bedingten Nebenwirkungen verabreicht. 18 von ihnen schlossen die Studie erfolgreich ab. Sie litten dabei alle unter weniger Übelkeit und Erbrechen als die Kinder der Kontrollgruppe. Bei 2/3 von ihnen zeigte sich außerdem Nabilon vergleichbaren Mitteln gegenüber als überlegen. Nebenwirkung waren Schläfrigkeit und Benommenheit.

Es kann zu einem leichten Rausch kommen. Die Resorption anderer, gleichzeitig eingenommener Arzneimittel kann verlangsamt oder behindert werden. bei Überdosierung: Übelkeit, Erbrechen, Diarrhöe, Gereiztheit.

5.3.2 Kamille

Krampflösend und entzündungshemmend bei Verdauungsstörungen, beruhigt die Nerven und fördert guten Schlaf. Äußerlich angewendet heilt er Wunden sowohl im Mund-Rachen-Raum als auch der Haut. Stärkt Sehkraft.

2 Teelöffel des Tees mit 250 ml kochendem Wasser übergießen und 10 Minuten ziehen lassen. Danach absieben. Nach Bedarf 2 bis 3 Tassen pro Tag trinken.

Wirkstoffe: Äth. Öl: Chamazulen, Bisabolol, Flavonoide, Cumarine
Vor Dauergebrauch wird gewarnt, ansonsten unbedenklich.

5.3.3 Rooibos

Antioxidativ, entzündungshemmend, krebshemmend, schützt durch enthaltene Flavonoide, positive Wirkung auch auf Alzheimer, Arteriosklerose. Antiallergisch, hemmt die Histaminausschüttung. Antibakteriell, antiviral, antifungal, entgiftend (basisch).

3-4 Teelöffel Rooibos mit einem Liter kochendem Wasser überbrühen und 6-10 Min. ziehen lassen. Bei weichem Wasser benötigen Sie weniger Tee für die Zubereitung, bei härterem Wasser empfehlen wir eine höhere Dosierung.

5.3.4 Wermut

Gut gegen Appetitlosigkeit, Verdauungschwäche, Magenkrämpfe, Blähungen, Gastritis, Erschöpfung, Reizbarkeit, Medikamenten- und Nahrungsmittelunverträglichkeit, Fieber, Grippale Infekte, Parasiten.

1 TL auf 1/2l Wasser

Wermut - Wird nicht nur verwendet, um Würmer zu eliminieren; er ist außerdem eine höchst wirksame Leber- und Verdauungshilfe. Er ist auch dabei behilflich, Blockaden zu entfernen, die eine träge Menstruation erzeugen. Es ist immer am Besten, dieses Kräutermittel in Verbindung mit anderen Kräutern einzunehmen.

Medizinische Anwendungen: Blutarmut, Arthritis, Blähungen, Kreislauf, Erkältungen, Verstopfung, Depression, Ödeme, Ohrenschmerzen, Fieber, Frauenleiden, Winde, Gallenblase, Gallensteine, Gicht, Herzbrennen, Hepatitis, Gelbsucht, Nierenleiden, morgendliche Übelkeit, Übelkeit, Fettleibigkeit, Parasiten, Rheumatismus, Magenleiden, Würmer.

Eigenschaften: Abortiv wirkend, alterativ, Appetit fördernd, Wurmmittel, antibiotisch, Anti-Depressionsmittel, entzündungshemmend, fiebersenkend, antiseptisch, aromatisch, Bittertonikum, Mittel gegen Blähungen, galletreibend, verdauungsfördernd, Eintritt der Monatsblutung förderndes Mittel, magenstärkend, Wurmmittel.

Nicht in der Schwangerschaft verwenden. Es ist immer am Besten, dieses Kräutermittel in Verbindung mit anderen Kräutern einzunehmen.

5.4 Komplementäre Anwendung

5.4.1 Akupunktur

Die Akupunktur gehört zu den Nerven oder Organe regulierenden Therapien.

Traditionelle Chinesische Medizin (TCM) bezeichnet meist eine Auswahl von diagnostischen und therapeutischen Verfahren, die im chinesischen Kulturkreis in vielen Jahrhunderten angewandt wurden.

Das chinesische Wort für Akupunktur besteht aus zwei Teilworten, die die Hauptanwendung der Akupunktur beschreiben, nämlich dem Einstechen der Nadel in die Akupunkturpunkte und dem Erwärmen (Moxibustion) der Punkte. Akupunktur in der Ming-Dynastie (1368–1644). Bibliothèque Nationale, Paris. In der Akupunktur wird die Existenz von 361 Akupunkturpunkten angenommen, die auf den Meridianen angeordnet sind. Demnach gibt es zwölf Hauptmeridiane, die jeweils spiegelverkehrt auf beiden Körperseiten paarig angelegt sind, acht Extrameridiane und eine Reihe von so genannten Extrapunkten. Nach Meinung der Anhänger der Traditionellen Chinesischen Medizin wird durch das Einstechen der Nadeln der Fluss des Qi beeinflusst. Die Akupunktur gehört zu den Umsteuerungs- und Regulationstherapien. Noch älter als die Akupunktur ist die Akupressur. Hier werden die Punkte mit Hilfe der Fingerkuppen massiert. Das Konzept der Ohrakupunktur (auch Auriculotherapie genannt) wurde vom französischen Arzt Paul Nogier entwickelt. 1954 berichtete er erstmals in der Deutschen Zeitschrift für Akupunktur über seine Erfahrungen und 1961 stellte er seine Diagnose- und Therapieform auf einem Akupunkturkongress in Deutschland vor. Die Behandlung über das Ohr ist zwar auch aus der chinesischen Akupunktur bekannt, es werden dort jedoch nur wenige Punkte – und diese auch nur selten – verwendet. Daneben besteht noch das Konzept der koreanischen Handakupunktur, bei der die Meridiane fast komplett auf den Händen abgebildet sind, sowie das der Schädelakupunktur mit Abbildung der Meridiane auf den Schädel. Ähnliche Vorstellungen stecken auch hinter der Fußakupunktur.

Heutzutage wird immer öfter von der Krankenversicherung die Akupunktur zur Schmerztherapie angeboten. Auch bei Krankenhausaufenthalten kann eine Therapie in Anspruch genommen werden. Die Therapie kann mit Nadeln aber auch sanfter mit Pflaster selbst während der Chemotherapie durchgeführt werden.

5.4.2 Apitherapie

Die Heilwirkung von Honig, Propolis, Blütenpollen, Gelee Royale und Bienengift: Propolis hat starke antibakteriellen, pilzhemmende und antiallergischen Eigenschaften und unterstützt dadurch jeden Heilungsprozess.

Das Heilen mit Bienenprodukten ist eine der ältesten Therapieverfahren. Die Heilwirkung von Honig, Propolis, Blütenpollen, Gelee Royale und Bienengift sind lange bekannt. Propolis hat starke antibakteriellen, pilzhemmende und antiallergischen Eigenschaften und unterstützt dadurch jeden Heilungsprozess. Blütenpollen ist aufgrund seines Reichtums an essentiellen Aminosäuren, sekundären Pflanzenstoffen (u. a. Flavonoide), organisch gebundenen Mineralstoffen und Vitaminen ein wichtiges Mittel zur Stärkung der Abwehrkräfte. Das Wachstum von Krebszellen (Neuroblastom) könnte gehemmt werden. Der Wirkstoff Artepillin C soll die Bildung neuer Blutgefäße im Tumor hemmen, was zum Aushungern und damit zur Schrumpfung führen kann. Heute weiß man, dass die Entstehung bestimmter Krebsarten im Zusammenhang mit Viren steht. In dem Propolis seine antivirale Wirkung entfaltet, kann eine krebsvorbeugende und krebshemmende Wirkung entstehen.

5.4.3 Ayur Veda

Ayurveda ist eine Kombination aus empirischer Naturlehre und Philosophie, welche die Ausgewogenheit des Körpers anstrebt. Ayurveda hat einen ganzheitlichen Anspruch, da der ganze Mensch mit einbezogen wird. Es werden pflanzliche Heilmittel verabreicht, welche eingenommen oder aufgetragen werden. Dadurch werden Organe gestärkt oder eine Entgiftung/Entschlackung angeregt. Speziell bei Krebs wird das Ungleichgewicht verschiedener Elemente beschrieben und behandelt. Die Methoden der Schulmedizin mit Chirurgie, Strahlentherapien und andere Behandlungsmethoden ähneln denen der Ayurveda in vielen Punkten.

5.4.4 Einschlafkissen mit Hopfenzapfen

Entspannend, ausgleichend, stimmungsaufhellen. Bei Bedarf anwenden.

5.4.5 Hyperthermie

Künstlich erzeugte Temperaturerhöhung in Organen. Die künstlich erzeugte Temperaturerhöhung (Therapeutische Hyperthermie oder Onkothermie) wird zur Behandlung einiger Krebserkrankungen angewendet. Dabei werden entweder der gesamte Körper oder einzelne Bereiche des Körpers durch Wärmestrahlung erwärmt (Mikro- oder Radiowellen, bzw. durch Infrarotstrahler). Sie wird meistens mit Strahlen- oder Chemotherapie kombiniert. In der Behandlung von Krebserkrankungen wird sie vor allem dann eingesetzt, wenn andere Verfahren (Operation, Strahlentherapie, Chemotherapie) keinen ausreichenden Erfolg mehr versprechen, das heißt, wenn die Patienten austherapiert sind. Interesse ist dabei allgemeine Leistungssteigerung und die Steigerung der Immunabwehr welches als Ergänzung von Krebstherapien hilfreich ist. Computergesteuert werden Radiowellen in Tumorbereiche gebündelt, und es erfolgt eine Erwärmung auf 42 bis maximal 44 °C. Die Temperatur wird für ca. 60 bis 90 Minuten aufrechterhalten. Es wurde festgestellt, dass die Zytostatika bei einer Chemotherapie bei Temperaturen über 40 °C deutlich aggressiver wirken als bei normaler Körpertemperatur. Durch Überhitzung geschädigte Tumorzellen können leichter durch eine Strahlentherapie bekämpft werden, weil ihre Reparaturfähigkeiten herabgesetzt sind.

Untersuchungen haben weiterhin ergeben, dass Krebszellen bei einer Erwärmung auf ca. 42 °C im Gegensatz zu gesundem Gewebe besonders geartete Eiweißstrukturen auf ihrer Oberfläche bilden. Diese Eiweißstrukturen (Hitzeschockproteine), werden meistens vom Abwehrsystem als körperfremd erkannt, so dass die Krebszellen vom Abwehrsystem des Körpers zerstört werden können. Bei Temperaturen bis 46 °C innerhalb des Tumors kann die Wirkung einer gleichzeitig angewandten Strahlen- oder Chemotherapie verstärkt werden. Die Wärme beeinträchtigt aber auch Proteine, die dafür verantwortlich sind, dass chemoresistente Tumorzellen die für Diese schädlichen Zytostatika aus den Zellen wieder herausschleusen können. Fallen diese Ausschleusesysteme durch Wärmeeinwirkung aus, sterben selbst chemoresistente Tumorzellen, weil die Wirkstoffe weiterhin in den Zellen verbleiben.

5.4.6 Klangschalentherapie

Durch Klangwellen, die beim Anschlagen einer Klangschale entstehen, lernen die Betroffenen, sich wieder zu entspannen.
Viele Krebs-Patienten leiden vor allem psychisch unter ihrer Erkrankung. Sie können sich nicht mehr richtig entspannen und haben große Angst. Ihnen kann die Klangschalentherapie helfen. Durch Klangwellen, die beim Anschlagen einer Klangschale entstehen, lernen die Betroffenen, sich wieder zu entspannen. Durch die tiefe Entspannung können aber auch Entscheidungen oder Erkenntnisse besser wahrgenommen werden welche einer erfolgreichen Krebstherapie helfen. Die Therapeuten können zu speziellen Fragestellungen motivieren und dann die Patienten in die Entspannung führen. Im Zustand dieser tiefen Entspannung können die Gedanken dann um so ein Thema kreisen gelassen werden

und so eine Verarbeitung von Erfahrungen leichter bewältigt werden.

5.4.7 Lichttherapie

Lichttherapie ist eine komplementäre und schonende Behandlung gegen saisonale Depressionen.

Heute gibt es mit der Lichttherapie, ein komplementäre und schonende Behandlung gegen saisonale Depressionen. Die meisten Patienten fühlen sich bereits nach wenigen Anwendungen wesentlich besser und ein überwältigend hoher Prozentsatz kann sogar dauerhaft vom sogenannten SAD-Syndrom (Erschöpfungssyndrom) geheilt werden. Speziell bei chronischen Erkrankungen können die positiven Wirkungen auf die Psyche stimulieren und so einen Heilerfolg unterstützen.

Eine punktuelle Lichttherapie kann bei Hautkrebs oder im Bereich von Mund und Rachentumoren eingesetzt werden. Dabei wird zunächst eine lichtempfindliche Substanz verabreicht und danach mit speziellen Lichtfrequenzen bestrahlt. Bei der Bestrahlung bilden sich aus den lichtempfindlichen Substanzen aggressive Sauerstoff Moleküle, welche die Tumorzellen direkt abtöten oder zum Verschluss von Blutgefäßen führen, wodurch ebenfalls Tumorzellen abgetötet werden. Das gesunde Gewebe in der Umgebung wird weitestgehend geschont.

5.4.8 Lymphdrainage

Die Manuelle Lymphdrainage ist eine Therapieform der physikalischen Anwendungen.

Die Manuelle Lymphdrainage ist eine Therapieform der physikalischen Anwendungen. Die Therapeuten sind vornehmlich Masseure, Krankengymnasten und Physiotherapeuten. Die Anwendung ist nur dem Fachpersonal mit der entsprechenden Zusatzausbildung in manueller Lymphdrainage an einem zugelassenen Lehrinstitut erlaubt. Die Wirkungsweise der manuellen Lymphdrainage ist breit gefächert. So dient sie hauptsächlich als Ödem- und Entstauungs-Therapie geschwollener Körperregionen, wie Körperstamm und Extremitäten (Arme und Beine). Durch kreisförmige Verschiebetechniken, welche mit leichtem Druck angewandt werden, wird die Flüssigkeit aus dem Gewebe in das Lymphgefäßsystem verschoben. Die Manuelle Lymphdrainage wirkt sich überwiegend auf den Haut- und Unterhautbereich aus und soll keine Mehrdurchblutung, wie in der klassischen Massage, bewirken. Auch in der Schmerzbekämpfung, wie auch vor und nach Operationen tut sie gute Dienste, das geschwollene, mit Zellflüssigkeit überladene Gewebe zu entstauen. Der Patient spürt eine deutliche Erleichterung, Schmerzmittelgaben können verringert werden, der Heilungsprozess verläuft schneller. Kontraindikationen (Gegenanzeigen) sind hierbei genauestens zu beachten.

Bei manchen Krebsarten wird von einer Lymphdrainage unmittelbar nach Operationen abgeraten, da unter Umständen Krebszellen so weiter verbreitet werden und Metastasen bilden könnten.

5.4.9 Misteltherapie

Die Misteltherapie ist die am besten dokumentierte komplementäre Begleitung zur klassischen onkologischen Krebstherapie

Die Misteltherapie ist die am besten dokumentierte komplementäre Begleitung zur klassischen onkologischen Krebstherapie Sie besteht aus einem wässrigen Extrakt der Mistel. Dieser Extrakt wird mit einer Spritze unter die Haut gespritzt. Immer mehr Ärzte und Patienten vertrauen auf ihre verlässliche und sichere Wirkung und die ausgezeichnete Verträglichkeit. Die Wirkung der Misteltherapie ist eine bessere Verträglichkeit der Chemotherapie. Die Verbesserung des Allgemeinzustandes (Verringerung der Pflegebedürftigkeit und Besserung der körperlichen und mentalen Befindlichkeit) sowie eine Verbesserung von Schlaf und Appetit. Auch eine Reduktion von Schmerz ist feststellbar. Die Misteltherapie wird von Ihrem Arzt verordnet (Rezept). Mit diesem Rezept holen Sie sich dann in der Apotheke das Arzneimittel. Im Vergleich zum praktischen Nutzen sind die Kosten der Therapie sehr gering; egal ob sie von der Krankenkasse bezahlt wird, oder nicht (die Genehmigung variiert).

5.4.10 Selbsthilfegruppen

Die meisten Mitglieder von Selbsthilfegruppen haben die Erfahrung gemacht, die Belastungen der Erkrankung besser zu bewältigen.

Die meisten Mitglieder von Selbsthilfegruppen haben die Erfahrung gemacht, die Belastungen der Erkrankung besser zu bewältigen. Durch den Erfahrungsaustausch werden die für den jeweiligen Krankheitsverlauf besten Möglichkeiten der Mithilfe bei der Therapie erkannt. Durch die Eingliederung in eine Gemeinschaft wird auch der Zustand der Einsamkeit in seiner Situation bewältigt. Speziell bei der Lösungsfindung zu einzelnen Situationen können selbst Betroffene viel glaubwürdiger ihr Fachwissen vermitteln als Personen, welche die Methoden lediglich theoretisch gelernt haben. Die Mitglieder können außerdem meistens besser mit Ärzten und Therapeuten sprechen, weil die Themen bereits in den Gruppen besprochen wurden. Außerdem gelingt den Selbsthilfegruppen oft kritische und innovative Impulse auszudrücken, welche zur Veränderung und zum Umdenken im professionellen Bereich beitragen. In Selbsthilfegruppen wird Fachwissen zusammengetragen und durch Erfahrungen der einzelne Betroffenen ergänzt. So entsteht ein ganzheitliches Wissen, das die Mitglieder befähigt, Entscheidungen fundiert zu treffen und in unüberschaubaren System der Therapieangebote professionelle Dienste sinnvoll zu nutzen. Patienten, die in der Selbsthilfe engagiert sind, haben oft kürzere Klinikaufenthalte, weniger Therapiestunden und einen geringeren Medikamentenverbrauch.

5.4.11 Shiatsu Massage

Massagetechnik. Hierbei wird vor allem Wert auf das Erkennen bestehender Ungleichgewichte im menschlichen Energiehaushalt gelegt. Shiatsu hat sich im Lauf des 19. Jahrhunderts in Japan aus der Traditionellen Chinesischen Medizin heraus als eigenständige Massagetechnik entwickelt. Hierbei wird vor allem Wert auf das Erkennen bestehender Ungleichgewichte im menschlichen Energiehaushalt gelegt. Im Mittelpunkt steht dabei die Frage: In welchen Körperteilen/Organen ist zu viel, in welchen zu wenig Energie vorhanden? Wörtlich übersetzt bedeutet Shiatsu "Fingerdruck". Durch den Druck der Finger - aber auch des Ellenbogens und der Füße - auf einzelne Akupunkturpunkte (Tsubos) oder entlang von Meridianen sollen Blockaden gelöst und der Energiehaushalt wieder ins Gleichgewicht gebracht werden. Bei Shiatsu steht der ganze Mensch im Zentrum und nicht nur die Krankheit und soll die Harmonisierung des Energieflusses stärken. Gelingt dies, verbessert sich das Allgemeinbefinden und die Fähigkeit zur Selbstregulation (Immunsystem) nimmt zu. Dadurch kann Shiatsu helfen, häufige Symptome von Krebs besser zu bewältigen.

5.4.12 Tuina Massage

Unterstützt den Stressabbau, ist Blockaden lösend und Immunsystem stärkend.
Anwendung nach Vereinbarung mit dem Therapeuten.
Nicht bei Tumoren, akute Verletzungen oder Ulzerationen der Haut.

5.4.13 Yoga

Yoga ist eine indische philosophische Lehre, die eine Reihe geistiger und körperlicher Übungen umfasst.
Es gibt viele verschiedene Formen des Yoga, oft mit einer eigenen Philosophie und Praxis. Einige sind meditative Formen von Yoga und legen ihren Schwerpunkt auf die geistige Konzentration, andere auf körperliche Übungen und Atemübungen, einige Richtungen betonen die Askese. Yoga lässt die Klienten innerlich stärker werden, sie fühlen sich wohler und können mit der Krankheit besser umgehen. Auf physischer Ebene können die Übungen dazu beitragen, die Durchblutung fördern,

der Lymphfluss anzuregen sowie Muskeln und Bänder zu kräftigen und für mehr Flexibilität zu sorgen.

5.5 Speisezugabe

5.5.1 Stevia (Süßkraut)

Süßstoff für Diabetiker oder für Gewichtsreduktion. Blutdrucksenkende, antimikrobielle, gefäßerweiternde Wirkung.
Achtung - mit Ihrem Arzt oder Therapeuten absprechen.
Als Süßstoff, getrocknet oder frisch
In einigen Studien wurden fruchtschädigende und mutagene Wirkungen in Hamstern und Ratten beschrieben, außerdem eine Mutagenität in vitro. In der EU als Lebensmittel nicht zugelassen. Stevia-Anhänger wittern dahinter eine Verschwörung der Zuckerlobby und Voreingenommenheit der EU-Kommission. Schließlich wird Steviosid in Asien seit Jahrzehnten als Süßstoff verwendet – bisher ohne negative Folgen.
Die der WHO vorliegenden Studien bezüglich der Auswirkungen von Steviol in vivo haben keine Hinweise auf mutagene Wirkungen am Menschen ergeben. Nur auf eigene Gefahr.

5.6 Verschiedene Möglichkeiten

5.6.1 Ampfer

Hilft bei Hauterkrankungen (Ekzeme), Juckreiz, Geschwüre, geschwollene Drüsen, Obstipation, Leber und Gallenleiden, rheumatische Erkrankungen, Gicht, Eisenmangel.
Übergießen Sie frische oder getrocknete Blätter mit Wasser und lassen sie mindestens zehn Minuten ziehen.
Nicht verwenden in der Schwangerschaft und Stillzeit.

5.6.2 Reishi

Regeneriert die Leber, wirkt entgiftend und entzündungshemmend. Gut gegen chronischer Hepatitis, Schwellungen, Rötungen und Juckreiz. Reguliert das Immunsystem, weckt und unterstützt die Selbstheilungskräfte. Verbessert die Sauerstoffsättigung des Blutes. Als Zugabe zu Tee, Kakao oder Kaffee. Als Kapseln, Extrakt, Pulver oder ganzer Pilz.
Reishi ist reich an Mineralstoffen und Spurenelementen Magnesium, Kalium, Calcium, Eisen, Zink, Kupfer, Mangan und organisch gebundenes Germanium, welches in der Tumortherapie und für die Interferonproduktion eine große Rolle spielt. Wertvollen Polysaccharide, Glycoproteine, Proteoglycane, Triterpene, Sterole, Alkaloide und eine

Vielzahl weiterer hochaktiver Wirksubstanzen.

6 Grundlagen der Ernährung

Die hier beschriebenen Grundlagen der Ernährung zeigen allgemeine Empfehlungen und beziehen sich nicht auf eine spezielle Therapieform. Die Empfehlungen der Therapie haben Vorrang.

6.1 Ernährung

Die regelmäßige Einnahme von Mahlzeiten in entspannter Atmosphäre. Ein wärmendes Frühstück gilt als guter Start in den Tag.
Mittags sollte die Hauptmahlzeit stattfinden - das Abendessen am frühen Abend.

Die Beachtung von Hunger- und Sättigungsgefühlen: Nicht überessen und nicht hungern, so lautet die Regel.

Die frische Zubereitung der Speisen aus naturbelassenen, regionalen Produkten. Tiefgekühlte, hitzekonservierte, industriell vorgefertigte oder mikrowellengegarte Lebensmittel werden gemieden.

Die Auswahl von Lebensmittel nach der Jahreszeit: Im Sommer mehr kühlende Nahrung, im Winter mehr wärmende Nahrung.

Mindestens zweimal am Tag Gekochtes essen. Speisen und Getränke sollen möglichst handwarm, niemals eiskalt oder heiß sein.

Rohkost, kurz gegartes Gemüse, frisch gepresste Säfte und Mineralwasser werden üblicherweise nicht empfohlen. Milch und Milchprodukte stehen nur dann auf dem Speiseplan, wenn sie problemlos vertragen werden.

Therapeutische Rezepte nicht über einen längeren Zeitraum ohne Rücksprache mit dem Arzt oder Therapeuten einnehmen.

1. Vielseitig essen
Lebensmittelvielfalt genießen. Merkmale einer ausgewogenen Ernährung sind abwechslungsreiche Auswahl, geeignete Kombination und angemessene Menge nährstoffreicher und energiearmer Lebensmittel. (Einerseits Schutz vor Unterversorgung mit essentiellen Nährstoffen und andererseits Schutz vor einer überhöhten Zufuhr unerwünschter Inhaltsstoffe.)

2. Reichlich Getreideprodukte - und Kartoffeln
Brot, Nudeln, Reis, Getreideflocken (am besten aus Vollkorn), sowie

Kartoffeln enthalten kaum Fett, aber reichlich Vitamine, Mineralstoffe, Spurenelemente sowie Ballaststoffe und sekundäre Pflanzenstoffe. Diese Lebensmittel sollten mit möglichst fettarmen Zutaten verzehrt werden.

3. Gemüse und Obst - Nimm "5" am Tag ...

5 Portionen Gemüse und Obst am Tag, möglichst frisch, nur kurz gegart, oder auch eine Portion als Saft – idealerweise zu jeder Hauptmahlzeit und auch als Zwischenmahlzeit: Damit werden reichlich Vitamine, Mineralstoffe sowie Ballaststoffe und sekundären Pflanzenstoffe (z.B. Carotinoiden, Flavonoiden) zugeführt. Das Beste, was man für die eigene Gesundheit tun kann.

4. Täglich Milch und Milchprodukte, ein- bis zweimal in der Woche

Fisch; Fleisch, Wurstwaren sowie Eier in Maßen. Diese Lebensmittel enthalten wertvolle Nährstoffe, wie z.B. Calcium in Milch, Jod, Selen und Omega-3-Fettsäuren in Seefisch. Fleisch ist wegen des hohen Beitrags an verfügbarem Eisen und an den Vitaminen B1, B6 und B12 vorteilhaft. Mengen von 300 - 600 g Fleisch und Wurst pro Woche reichen hierfür aus. Fettarme Produkte bevorzugen, vor allem bei Fleischerzeugnissen und Milchprodukten.

5. Wenig Fett und fettreiche Lebensmittel

Fett liefert lebensnotwendige (essenzielle) Fettsäuren und fetthaltige Lebensmittel enthalten auch fettlösliche Vitamine. Fett ist besonders energiereich, daher kann zu viel Nahrungsfett Übergewicht fördern, möglicherweise auch Krebs. Zu viele gesättigte Fettsäuren fördern langfristig die Entstehung von Herz-Kreislauf-Krankheiten. Pflanzliche Öle und Fette bevorzugen (z.B. Raps-, Oliven- und Sojaöl und daraus hergestellte Streichfette). Auf unsichtbares Fett achten, das in Fleischerzeugnissen, Milchprodukten, Gebäck und Süßwaren sowie in Fast-Food- und Fertigprodukten meist enthalten ist. Insgesamt 70 - 90 Gramm Fett pro Tag reichen aus.

6. Zucker und Salz in Maßen

Nur gelegentlich Zucker und Lebensmittel, bzw. Getränke verzehren, die mit verschiedenen Zuckerarten (z.B. Glucose Sirup) hergestellt wurden. Kreativ mit Kräutern und Gewürzen und wenig Salz würzen. Jodiertes Speisesalz bevorzugen.

7. Reichlich Flüssigkeit

Wasser ist absolut lebensnotwendig. Jeden Tag rund 1-2 Liter Flüssigkeit trinken. Wasser (ohne oder mit Kohlensäure) und andere kalorienarme Getränke bevorzugen. Alkoholische Getränke sollten nicht konsumiert werden.

8. Schmackhaft und schonend zubereiten
Die jeweiligen Speisen bei möglichst niedrigen Temperaturen garen, soweit es geht kurz, mit wenig Wasser und wenig Fett - das erhält den natürlichen Geschmack, schont die Nährstoffe und verhindert die Bildung schädlicher Verbindungen.

9. Sich Zeit nehmen und das Essen genießen
Bewusstes Essen hilft, richtig zu essen. Auch das Auge isst mit. Sich beim Essen Zeit lassen. Das macht Spaß, regt an, vielseitig zuzugreifen und fördert das Sättigungsempfinden.

10. Auf das Gewicht achten und in Bewegung
Ausgewogene Ernährung, viel körperliche Bewegung und Sport (30 bis 60 Minuten pro Tag) gehören zusammen. Mit dem richtigen Körpergewicht fühlt man sich wohl und fördert die Gesundheit.

Thermik, Wirkrichtung, Verdauungskraft
Es gibt unterschiedliche Kriterien, die Wirksamkeit von Kräutern und Lebensmittel zu beurteilen. Der Einsatz der Kräuter und Zutaten basiert auf Beobachtung, was die Lebensmittel, Kräuter und Gewürze nach ihrem Verzehr im Körper bewirken. In der Medizin hat sich daraus folgendes System entwickelt: Jede Zutat oder Kraut hat eine Wirkrichtung. Außerdem gibt es noch Kräuter, die eine besondere Wirkung auf bestimmte Organe haben.

Voraussetzung für einen gesunden Stoffwechsel ist es, darauf zu achten, dass wir ausreichend Energie aus der Nahrung gewinnen und der Verdauungsprozess so wenig Energie wie möglich verbraucht. Eine bekömmliche Mahlzeit macht zufrieden und satt, verursacht keine Blähungen und keine Müdigkeit nach dem Essen. Richtiges Würzen erhöht die Bekömmlichkeit unserer Speisen. Es genügen oft schon geringe Mengen an Kräutern und Gewürzen. Sie dienen nicht dazu, uns satt zu machen, sondern helfen unseren Verdauungsorganen, die Nahrung zu verdauen.

6.2   Rezepte

Die Rezepte zeigen Ihnen welche Zutaten verwendet werden sowie mit der Kochanleitung wie diese zubereitet werden. Bei den Zutaten wird neben den Mengenangaben auch die Wichtigkeit für die Therapie angezeigt. Wenn dabei angezeigt wird "weniger als angegeben" versuchen Sie diese Empfehlung einzuhalten oder eine Alternative aus der Liste der "Empfohlenen Lebensmittel" zu finden. Meistens ist es nur eine leichte geschmackliche Änderung wenn Sie diese Zutat gänzlich weglassen.

Schonende Kochmethoden: Kochen, dämpfen, pochieren, dünsten
Scharfe Kochmethoden: Grillen, rösten, anbraten, räuchern
Ausgeglichene Kochmethoden: Frittieren, Römertopf

Auf das Einfrieren und erwärmen in der Mikrowelle sollte verzichtet
werden (Denaturierung).

6.3 Lebensmittel

Lebensmittel wirken wie Heilkräuter auf Körper und Geist, nur wesentlich
sanfter. Die Ernährungsberatung stützt sich hauptsächlich auf heimische
Lebensmittel. Das Wissen über die Wirkungsweisen jedes einzelnen
Lebensmittels und das Wissen wann welche Lebensmittel zur
Anwendung kommen, entstammt der Schulmedizin. Verwende Sie
möglichst Erzeugnisse aus ökologischen-biologischem Landbau.

Da wegen der besseren Verdaulichkeit grundsätzlich alles lange gekocht
und kaum roh gegessen wird, ist die Verträglichkeit hervorragend.

Die Einteilung der Lebensmittel entsprechend ihrer Wirkung auf den
Körper und bildet die Basis, um einen ausgewogenen und harmonischen
Gesundheitszustand im Körper zu erreichen.

Grundsätzlich empfiehlt die Ernährungsberatung keine bestimmten
Lebensmittel für Jedermann. Ausschlaggebend für den individuellen
Speiseplan ist vor allem die persönliche Konstitution.

Kaufen Sie nur frisches und reifes Obst und Gemüse ein. Braune Stellen,
welke Blätter aber auch unreifes Obst und Gemüse sollten Sie im
Supermarkt zurücklassen. Greifen Sie dann zu Tiefkühlware (keine
Fertiggerichte!). Tiefkühlobst und -gemüse werden kurz nach dem Ernten
schockgefroren und enthalten deshalb oftmals mehr Vitamine und
Mineralstoffe, als die Ware aus der Obst- und Gemüsetheke! Konserven-
und Dosenware dagegen enthält wesentlich weniger Biostoffe. Zudem
werden Letztere meist mit Salz, Zucker usw. angereichert. Lassen Sie die
Zutaten nach dem Waschen nie im Wasser liegen, denn so gehen viele
Vitalstoffe ins Wasser über! Putzen Sie Salate, Früchte und Gemüse erst
unmittelbar vor Verzehr.

Beachten Sie bitte die hygienische Verarbeitung der Lebensmittel.
Waschen Sie Ihre Salate, Früchte und Gemüse gründlich. Bei Gerichten
mit Fleisch bereiten Sie zuerst die Zutaten vor und verarbeiten dann die

Fleischprodukte. Reinigen Sie danach die Arbeitsflächen und Werkzeuge besonders gründlich. Holzunterlagen sollten regelmäßig mit leichtem Desinfektionsmittel behandelt werden um die Keimbildung einzuschränken.

Bewahren Sie Obst und Gemüse möglichst getrennt voneinander auf. Auch geerntete Früchte und Gemüse leben und strömen z.B. Ethylengas aus, das andere Sorten schneller reifen und altern lässt. Fleisch und Fisch in der verschlossenen Verpackung lassen oder in luftdichten Boxen im Kühlschrank aufbewahren.

6.4 Kräuter

Bei der Aufbewahrung und Lagerung von Heilkräutern, müssen gewisse Grundregeln beachtet werden. Grundsätzlich müssen Heilkräuter geschützt vor direkter Sonneneinstrahlung, vor Feuchtigkeit und vor heißen Temperaturen gelagert werden.

Als Gefäße für die Lagerung von Heilkräutern können Gläser, Keramik-Behälter und zur Not auch Plastik-Dosen eingesetzt werden. Plastik ist aber ein sehr unreines Material und sollte daher wirklich nur eine kurzfristige Notlösung sein. Bei Glasbehältern ist darauf zu achten, dass dunkles Glas verwendet wird.

Heilkräuter können nicht beliebig lange aufbewahrt werden. Die Haltbarkeit von Heilkräutern ist auf jeden Fall begrenzt. Durch die Haltbarkeitsdauer kann durch sachgerechte Lagerung wesentlich erhöht werden. So soll der Lagerplatz dunkel, eher kühl und absolut trocken sein. Ein Medizinschrank aus Holz, der nicht direkt bei einer Wärmequelle platziert ist wäre ideal. Um Ihre Heilkräuter nicht wegwerfen zu müssen, kaufen Sie nicht zu große Mengen an Heilpflanzen. Beschriften Sie die Behälter mit dem Namen des Heilkrauts und dem Datum der Ernte bzw. der Verarbeitung.

7 Weitere Ernährungsvorschläge

Folgende Syndrome der Diätetik, der TCM oder als Therapieergänzung bei Krebs sind verfügbar.

DIÄTETIK

1. Ernährung des Säuglings - Beikost
2. Ernährung in der Stillzeit
3. Ernährung im Alter
4. Ernährung von Kindern und Jugendlichen
5. Ernährung von Sportlern
6. Leichte Vollkost
7. Schwangerschaft
8. Vollkost

Eiweiß und Elektrolyt – Nieren

9. (Hämo-)Dialysebehandlung
10. Akutes Nierenversagen
11. Chronische Niereninsuffizienz
12. Nephrotisches Syndrom
13. Nierensteine (Nephrolithiasis)

Gastrointestinaltrakt - Bauchspeicheldrüse

14. Akute Pankreatitis (Entzündung der Bauchspeicheldrüse)
15. Chronische Pankreatitis (Entzündung der Bauchspeicheldrüse)

Gastrointestinaltrakt - Dünndarm und Dickdarm

16. Akute Obstipation (Verstopfung)
17. Chronische Obstipation (Verstopfung)
18. Colon irritabile
19. Divertikulitis
20. Erworbene Laktoseintoleranz (Laktosemalabsorption)
21. Fruktosemalabsorption
22. Glutensensitive Enteropathie (Zöliakie)
23. Kolektomie
24. Kurzdarmsyndrom

Gastrointestinaltrakt - Leber, Gallenblase, Gallenwege

25. Akute und chronische Hepatitis (Entzündung der Leber)
26. Cholelithiasis (Gallensteine)
27. Fettleber
28. Leberzirrhose

Gastrointestinaltrakt - Magen und Zwölffingerdarm

29. Akute Gastritis
30. Chronische Gastritis
31. Magenblutung
32. Ulcus ventriculi und Ulcus duodeni
33. Zustand nach Magenoperation

Gastrointestinaltrakt - Mundhöhle und Speiseröhre

34. Mundschleimhautentzündung
35. Ösophaguskarzinom (Speiseröhrenkrebs)
36. Reflüxösophagitis (Sodbrennen)

spezielle Krankheiten

37. Phenylketonurie (PKU)
38. Rheumatische Gelenkserkrankungen

Stoffwechsel

39. Adipositas (Übergewicht)
40. Diabetes mellitus
41. Essstörungen (Untergewicht)

Fettstoffwechsel

42. Hypercholesterinämie (erhöhter Cholesterinspiegel)
43. Hepatische Enzephalopathie

Herz- und Kreislauf

44. Arteriosklerose (Arterienverkalkung)
45. Herzinsuffizienz
46. Hypertonie (Bluthochdruck)
47. Hyperurikämie und Gicht

veränderter Nährstoffbedarf

48. bei Fieber
49. bei malignen Erkrankungen
50. nach Verbrennungen
51. Strahlen- und Chemotherapie

KREBS

100. Bauchspeicheldrüse
101. Blasenkrebs
102. Blutkrebs (Leukämie)
103. Brustkrebs
104. Darmkrebs
105. Magenkrebs
106. Nierenkrebs
107. Speiseröhrenkrebs

TCM

200. Blase - Feuchte Hitze in der Blase
201. Blase - Feuchtigkeit und Kälte in der Blase
202. Blase - Leere und Kälte in der Blase
203. Dickdarm - äussere Kälte befällt den Dickdarm
204. Dickdarm - Feuchte Hitze im Dickdarm
205. Dickdarm - Hitze blockiert den Dickdarm II akut
206. Dickdarm - Trockenheit des Dickdarms
207. Dickdarm - Yang Mangel (Kälte)
208. Herz - Blut Mangel
209. Herz - Blut Stagnation
210. Herz - Feuer
211. Herz - Heisser Schleim verstopft die Herzporen
212. Herz - Kalter Schleim verstopft die Herzporen
213. Herz - Qi Mangel
214. Herz - Yang Mangel
215. Herz - Yin Mangel
216. Leber - aufsteigender Leber-Yang
217. Leber - Blut-Mangel
218. Leber - Blut-Stagnation
219. Leber - feuchte Hitze in Leber und Gallenblase
220. Leber - Feuer
221. Leber - Gallenblase Qi-Leere
222. Leber - Kälte im Lebermeridian
223. Leber - Qi-Stagnation

224. Leber - Wind
225. Leber - Wind mit aufsteigendem Leber Yang
226. Leber - Wind mit Blutleere
227. Leber - Wind mit extremer Hitze
228. Lunge - Qi Mangel
229. Lunge - Schleim-Feuchtigkeit in der Lunge
230. Lunge - Schleim-Hitze in der Lunge
231. Lunge - Schleim-Kälte in der Lunge
232. Lunge - Trockenheit der Lunge
233. Lunge - Wind-Hitze befällt die Lunge
234. Lunge - Wind-Kälte befällt die Lunge
235. Lunge - Yin Mangel
236. Magen - Blutstagnation
237. Magen - Feuer
238. Magen - Magenkälte mit Flüssigkeit
239. Magen - Nahrungsstagnation
240. Magen - Qi Mangel
241. Magen - rebellierendes Magen Qi
242. Magen - Yin Leere
243. Milz - Hitze und Feuchtigkeit befällt die Milz
244. Milz - Kälte und Feuchtigkeit befällt die Milz
245. Milz - Qi Mangel
246. Milz - Qi Mangel + Absinkendes MilzQi
247. Milz - Qi Mangel + Milz kontrolliert das Blut nicht
248. Milz - Yang Mangel
249. Niere - Herz und Niere kommunizieren nicht mehr
250. Niere - Jing Mangel
251. Niere - Nieren können das Qi nicht empfangen
252. Niere - Qi ist nicht fest
253. Niere - Yang Mangel
254. Niere - Yin Mangel